초등 5~6학년 실과 교과 연계

소프트웨어와 프로그래밍
로봇의 기능과 구조

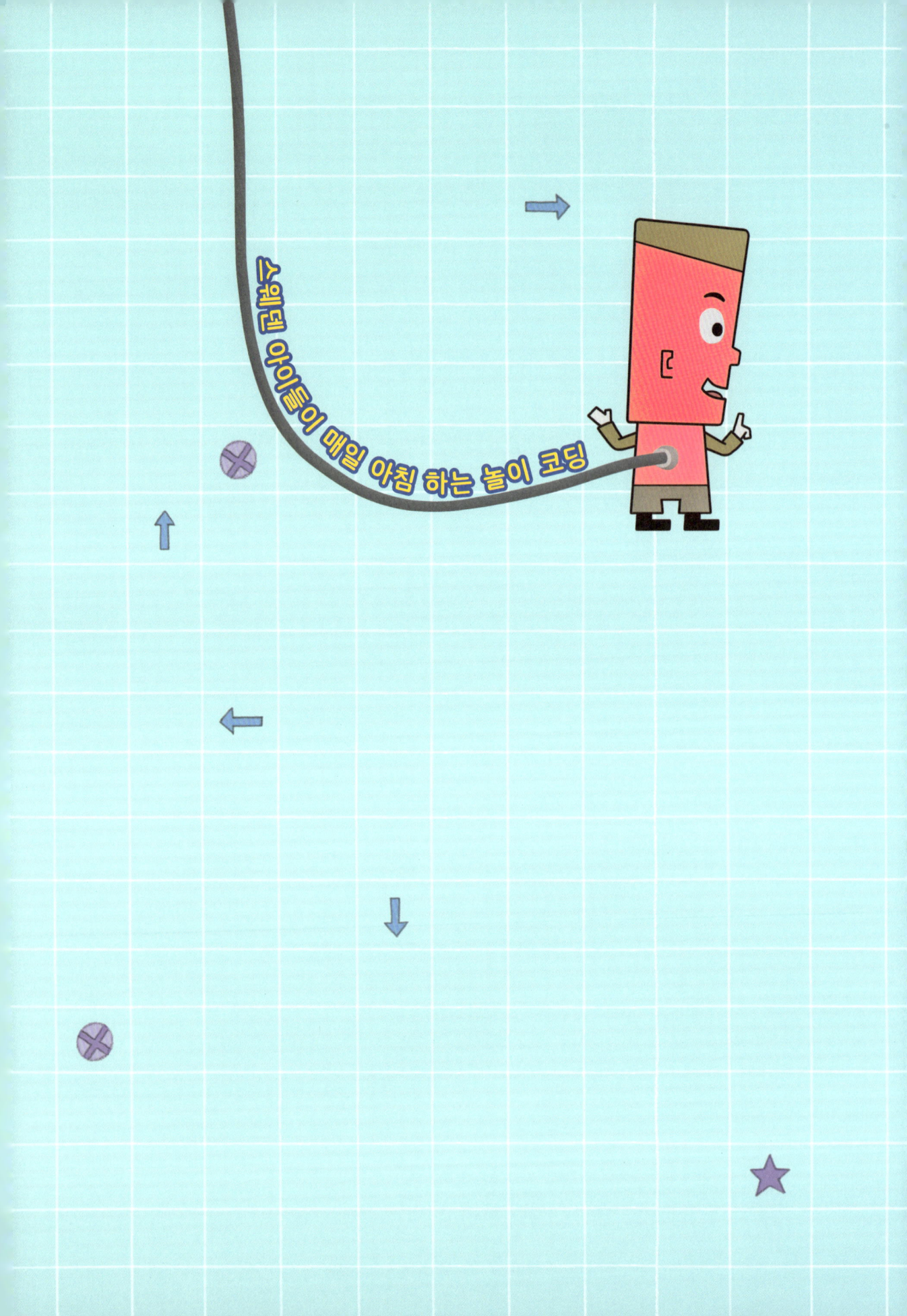

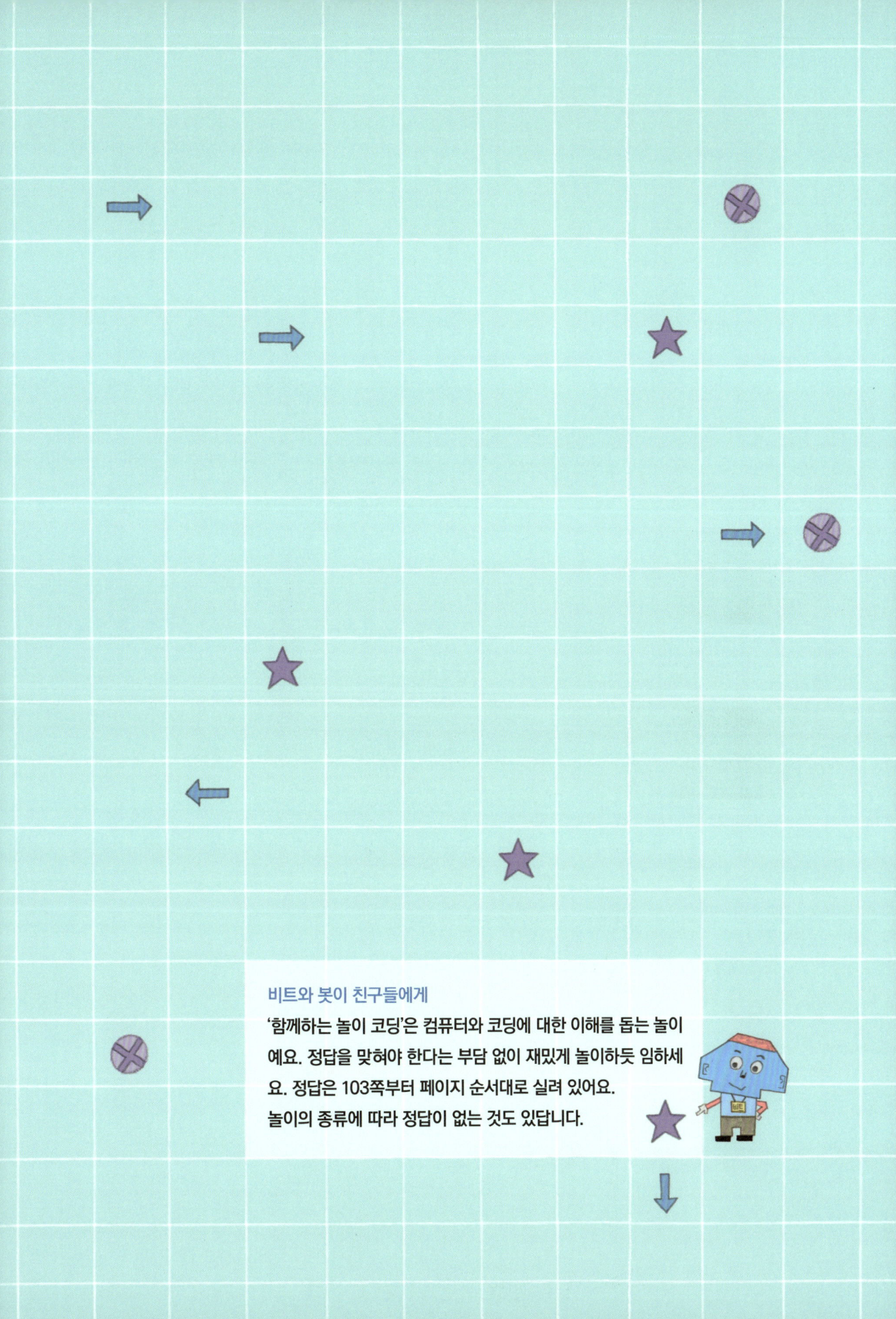

비트와 봇이 친구들에게

'함께하는 놀이 코딩'은 컴퓨터와 코딩에 대한 이해를 돕는 놀이예요. 정답을 맞혀야 한다는 부담 없이 재밌게 놀이하듯 임하세요. 정답은 103쪽부터 페이지 순서대로 실려 있어요. 놀이의 종류에 따라 정답이 없는 것도 있답니다.

초등 놀이 코딩
: 스웨덴 아이들이 매일 아침 하는 놀이 코딩

초판 5쇄 발행 2024년 12월 15일

지은이 카린 뉘고츠
그린이 노준구   **옮긴이** 배장열
펴낸이 정혜숙   **펴낸곳** 마음이음

책임편집 이금정
등록 2016년 4월 5일(제2016-000005호)
주소 03925 서울시 마포구 월드컵북로 402, 9층 917A호(상암동, KGIT센터)
전화 070-7570-8869 **팩스** 0505-333-8869 **전자우편** ieum2016@hanmail.net
블로그 https://blog.naver.com/ieum2018

ISBN 979-11-89010-10-2 74000
       979-11-960132-3-3 (세트)

ⓒ 카린 뉘고츠, 배장열 2019
이 책의 내용은 저작권법의 보호를 받는 저작물이므로 무단전재와 복제를 금합니다.
책값은 뒤표지에 있습니다.

어린이제품안전특별법에 의한 제품표시
제조자명 마음이음 **제조국명** 대한민국 **사용연령** 7세 이상 어린이 제품
KC마크는 이 제품이 공통안전기준에 적합하였음을 의미합니다.

스웨덴 아이들이
매일 아침 하는 놀이 코딩

초등 놀이 코딩

카린 뉘고츠 글 | 노준구 그림 | 배장열 옮김

마음이음

한국 독자들에게

　7년 전, 저는 처음으로 프로그래밍 수업을 들었습니다. 그때가 37세였는데, 초등학교 교사로 재직할 때였습니다. 사실 저는 컴퓨터를 그다지 좋아하지 않았습니다. 학교에서는 학생들에게 이 세상의 온갖 것을 가르쳤습니다. 민주주의가 무엇이며, 동사나 형용사가 어떻게 쓰이고, 각종 꽃의 이름이나 왜 지구가 태양 주위를 도는지 등을 가르쳤지요. 하지만 이메일을 어떻게 보내는지는 설명하지 못했습니다. 그러던 어느 날 우리 삶이 디지털에서 멀어질 수 없다는 것을 깨닫고, 프로그래밍을 배우기로 마음먹었습니다.

　프로그래밍 수업을 듣고 제 인생은 바뀌었습니다. 새로운 눈으로 세상을 바라보게 되었으며, 컴퓨터 모니터에서 경험했던 모든 것이 새로운 의미로 다가왔습니다. 프로그램이 어떻게 설계되었는지 코드를 보고 이해도 하게 되었습니다. 수동적인 디지털 소비자에서 탈피해 컴퓨터를 쥐락펴락하는 방법을 깨친 것이지요. 이런 새로운 경험을 통해 얻은 자신감은 학생들에게도 프로그래밍을 가르쳐야겠다는 확고한 의지로 이어졌습니다. 당시만 해도 프로그래밍은 스웨덴의 정규 교육 과정이 아니었습니다.

우선 국어(스웨덴어) 시간에 프로그래밍을 가르쳐 보았습니다. 처음에는 프로그래밍 수업을 학생들과 저만의 비밀로 하다가 긍정적인 교육 효과가 나타나자 곧바로 교장 선생님에게 달려갔습니다. 얼마 안 있어 프로그래밍은 교내 공식 수업 과정이 되었습니다. 정부의 교육위원회도 저희 학교에 와서 그간의 과정에 대해 제 이야기를 귀담아들었습니다. 프로그래밍이 오늘날 학생들에게 어떻게 중요한 기술이 될 수 있는지도 공감한 것 같았습니다. 이후 저는 여러 정치인을 만나 교육 과정을 수정해 달라고 요청했습니다. 결국 2018년 7월, 프로그래밍은 스웨덴 교육 과정에서 초등학교 1학년 필수 과목이 되었습니다.

7년 전 프로그래밍 수업을 들은 이후, 많은 일들이 있었습니다. 교육 관련 상도 여럿 받았고, 4권의 책을 집필했으며, 유치원에서 고등학교에 이르기까지 교사를 대상으로 하는 온라인 프로그래밍 과정을 스웨덴 교육위원회와 공동으로 만들었습니다. 그리고 프로그래밍을 주제로 아이들을 위한 TV 프로그램 「프로그라메라 메라」(더 많이 프로그래밍합시다)를 스웨덴 교육 방송과 함께 만들고 진행자로 출연했습니다. 현재 이 프로그램은 일선 초등학교에서 프로그래밍 교육용으로 사용되고 있습니다.

> "프로그래머는 세상을 움직인다.
> 정확히는 세상을 움직이는 것들을 움직인다."
> _폴 포드, 미국의 프로그래머이자 작가

왜 프로그래밍을 배워야 하는지 저의 철학을 만들어 준 말입니다. 디지털 세상이 어떻게 만들어지는지 이해한다면 우리는 우리가 사용하는 기술을 바탕으로 더 나은 결정을 내릴 수 있을 것입니다.

모든 앱과 웹 사이트 이면에는 코드가 있습니다. 코드는 (적어도 지금까지는) 사람이 만듭니다. 이 사실을 명심해야 합니다. 기술은 마법이 아니며, 어느 날 갑

자기 하늘에서 뚝 떨어지지도 않습니다. 사람이 공들여 만드는 것입니다. 프로그램을 어떻게 설계하는지도 사람의 몫입니다.

사람의 사고방식과 믿음은 프로그램이라는 결과물에 영향을 미칩니다. 프로그램을 만든 사람의 편협한 사고가 문제를 일으킨 예는 주위에서 어렵지 않게 찾아볼 수 있습니다. 짙은 피부색에는 작동하지 않는 자동 핸드 드라이어나 백인의 얼굴을 인식하지 못하는 중국인 얼굴 인식 소프트웨어가 단적인 예입니다. 세상이 점점 더 디지털화되면 우리 삶도 점점 더 프로그래머의 영향을 받을 것입니다.

혹시 과거에 인터넷에 접속할 때 났던 연결음을 기억하나요? 기억한다면 인터넷은 우리가 연결하는 대상이라는 사실을 알고 있는 것입니다. 하지만 요즘 아이들은 인터넷이 정확히 무엇인지 잘 알지 못합니다. 항상 우리와 함께하니까요. 요즘은 어디를 가도 와이파이로 우리 모두가 연결되어 있습니다. 스웨덴에서도 와이파이는 공기처럼 자연스러운 존재가 되었습니다. 컴퓨터가 방 한가운데를 차지하고 이를 작동시키기 위해서 코딩 기술이 필요했던 1990년대와 달리 지금은 어린아이들도 스마트폰으로 자신이 원하는 것을 찾아볼 수 있습니다.

기술은 점점 더 중요해지면서도 우리 눈에서 점차 사라지고 있습니다. 우리는 스스로 느끼지 못할 정도로 기술에 의존하고 있습니다. 저는 오늘날 우리의 기술 이해도가 그 의존도에 비해 더 낮아졌다고 생각합니다. 우리가 아이들에게 기술을 가르치지 않는다면 미래에는 개발자를 찾기가 더 어려워질 것입니다.

역사를 돌이켜 보면, 세상을 더 많이 이해시키기 위해 아이들에게 화학과 물리를 가르쳐야 한다고 주장했던 때가 있었습니다. 지금 저는 디지털 세상을 더 많이 이해시키기 위해 아이들에게 프로그래밍을 가르쳐야 한다고 주장합니다.

스웨덴 우유 업체와 함께 언플러그드 놀이 코딩을 기획해서 우유갑에 인쇄한 적이 있습니다. 아이들은 우유를 수시로 마시는데 그때 퍼즐을 풀 듯 코딩을 하는 거죠. 그 기획이 신선하다며 마음이음 출판사에서 놀이 코딩 책을 함께 만들자는 제안을 해 왔는데, 그 결과물이 한국의 어린이 독자들에게 선보인다니 기대됩니다. 이 책은 비트와 봇이라는 두 로봇의 눈으로 바라본 디지털 세상 안내서입니다. 코딩에 필요한 중요한 12가지 개념을 재미있는 놀이와 함께 익힐 수 있도록 구성했습니다.

저는 학생들에게 로봇과 사람의 공통점이나 차이점을 자주 예로 듭니다. 물론 그 경계는 로봇 기술의 발전에 따라 끊임없이 변하고 있지만, 디지털 세상은 2진수가 바탕인데 반해 사람은 그렇지 않다는 사실은 아직까지 큰 차이입니다.

프로그래밍된 주변 사물들을 독자들이 더 자신감 있게 파악할 수 있기를 바랍니다. 나아가 미래의 디지털 유산을 만들 수 있는 관심의 불꽃이 독자들에게 일어나길 희망합니다.

카린 뉘고츠

우리는 로봇이야.
코딩만 해 주면 뭐든지 할 수 있지.
그럼 이제부터 우리와 함께
코딩을 어떻게 하는지 배워 볼까?

우리는 사람처럼 되고 싶어.
하지만 사람과 똑같아질 수는 없어.

사람은 생각하고, 꿈꾸고, 상상하고,
새로운 것을 배울 수 있어.
이 모든 일은 두뇌가 하지.

우리의 두뇌는 컴퓨터야.
어떤 일을 할지 사람이 코딩해 줘야 해.

로봇과 사람 모두 움직이려면 에너지가 필요해.
그래서 사람은 음식을 먹고 물을 마시지.

비트와 나는 배터리만 충전하면 돼.
엄청 편리하지.

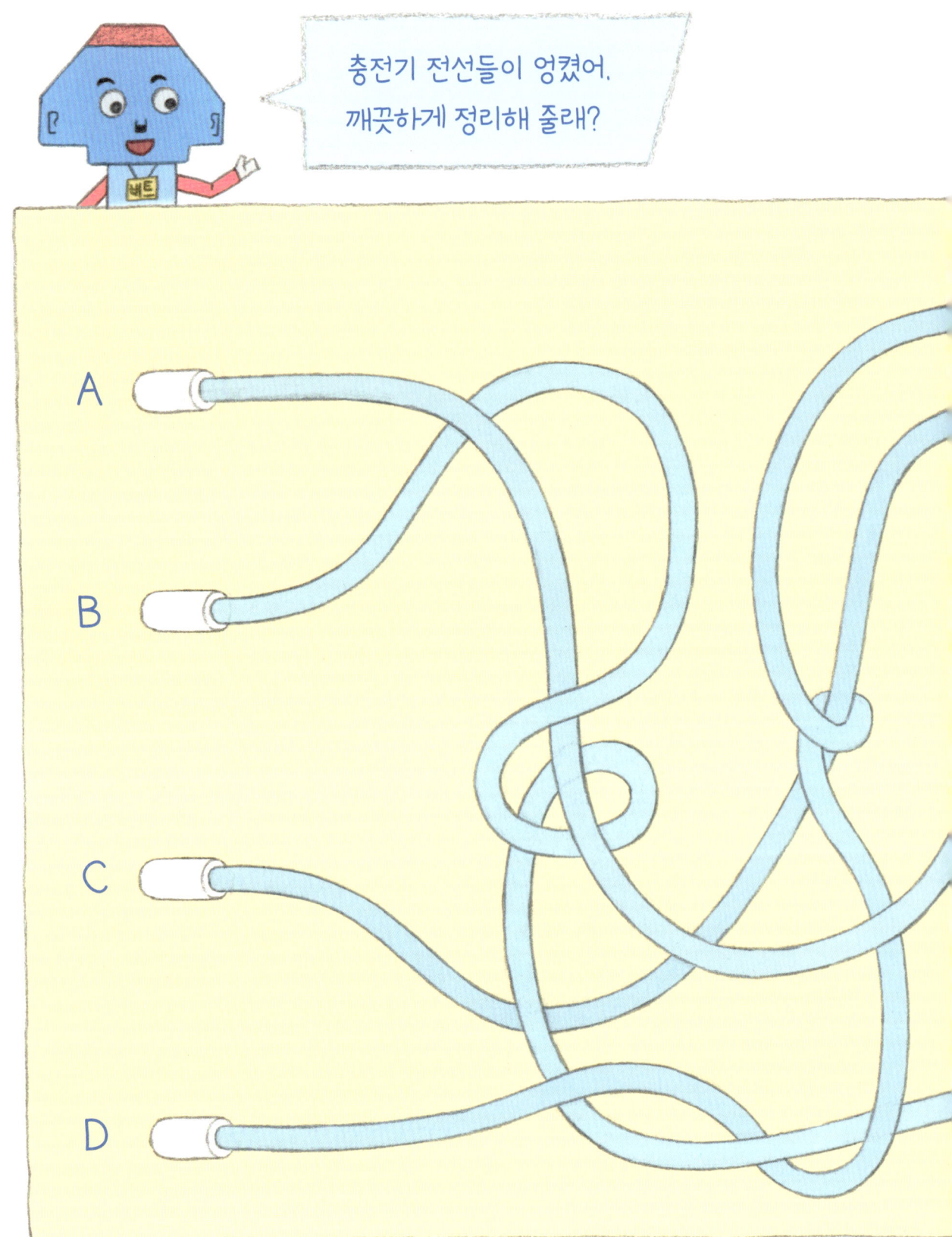

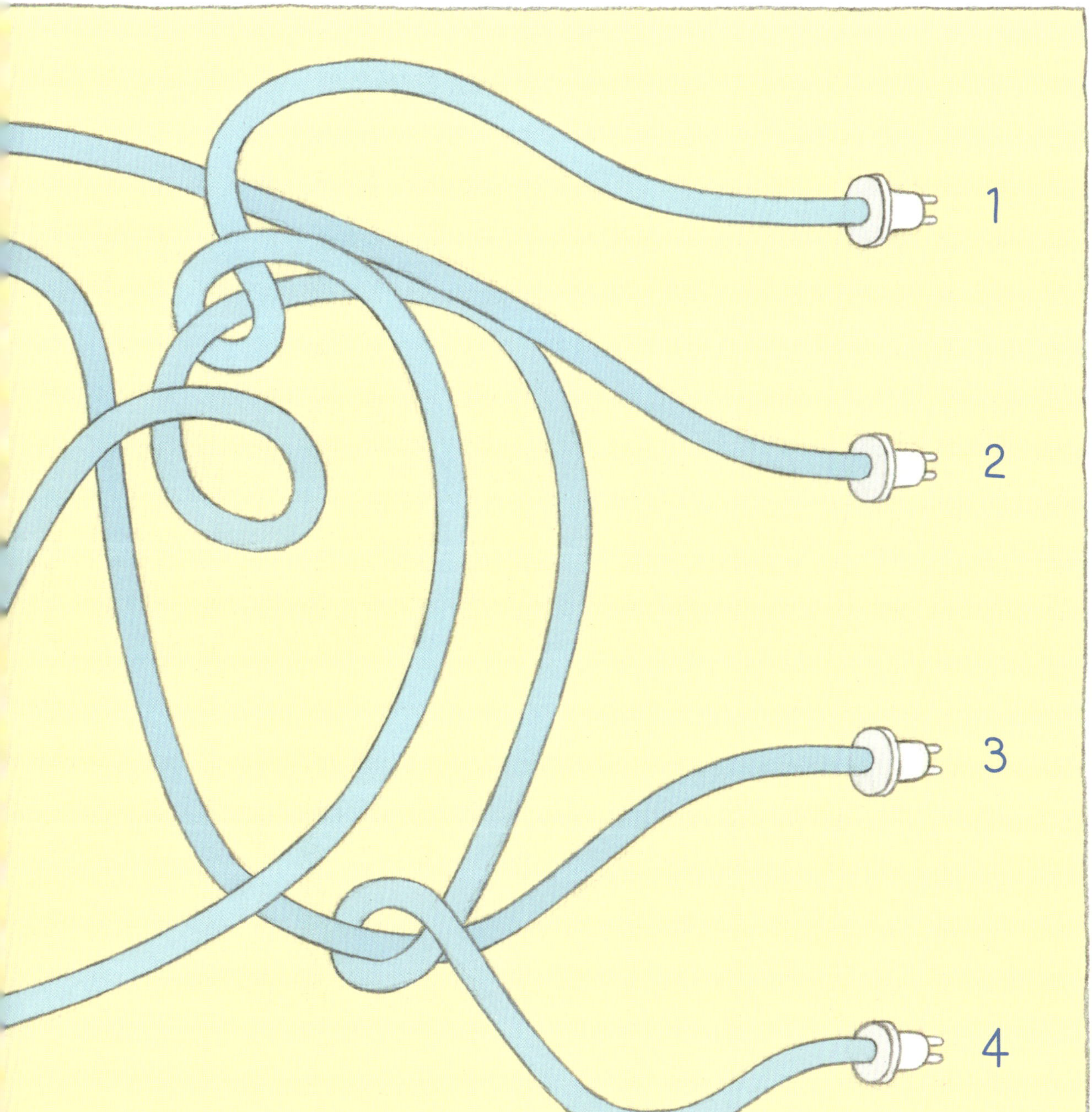

사람은 다섯 가지 감각을 가지고 있어.
보고, 듣고, 만지고, 냄새를 맡고, 맛을 느낄 수 있지.

로봇은 감각 대신 센서를 가지고 있어.
비트와 난 센서에 코딩된 대로 반응해.

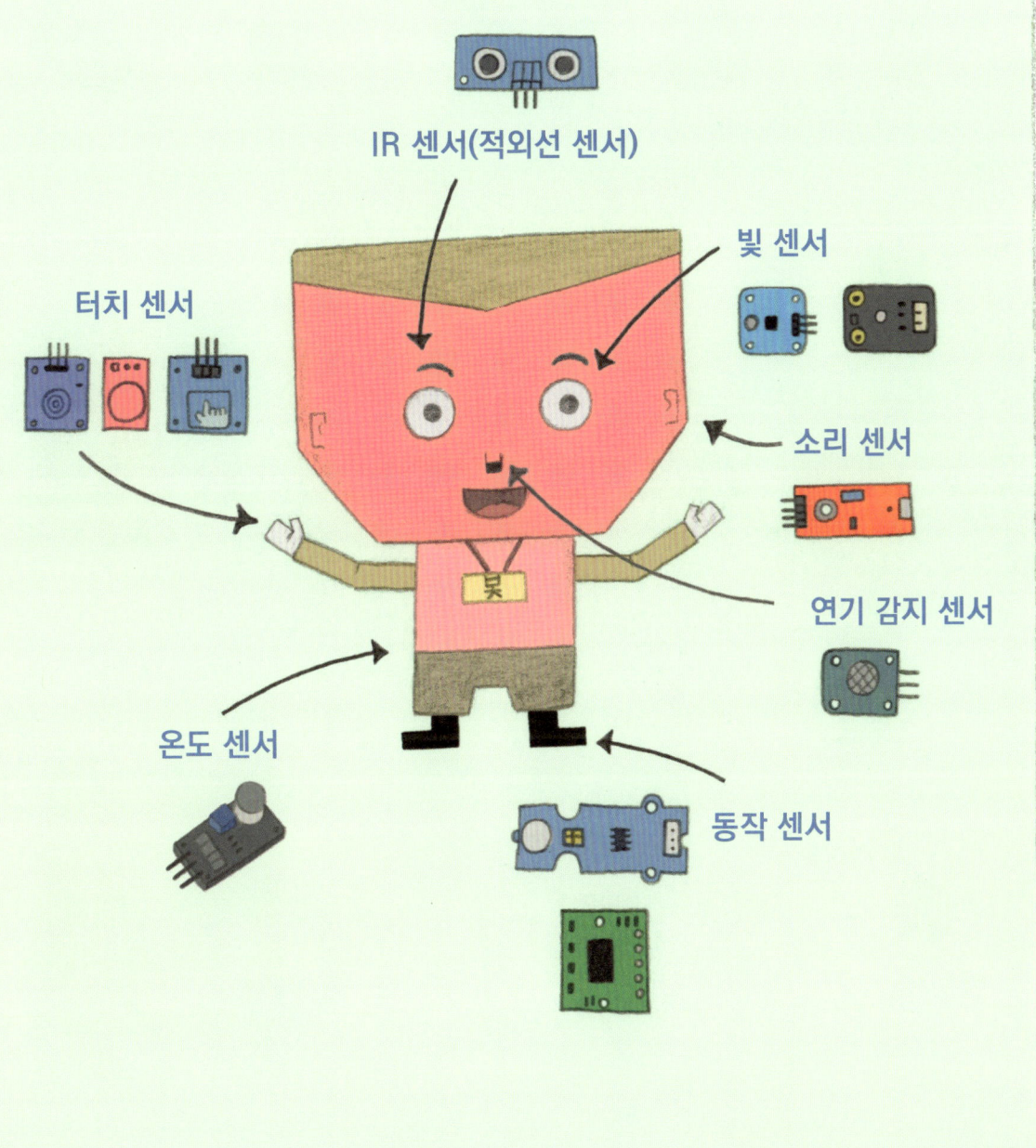

다섯 가지 센서를 보여 줄게.

어떤 센서가 무엇을 측정하는지 선을 연결할 수 있니?

사람들이 뭘 해야 하는지도 선으로 연결해 봐!

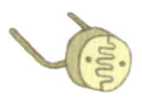	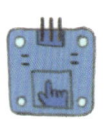			
빛 센서	터치 센서	소리 센서	연기 감지 센서	온도 센서

			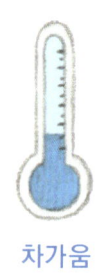	
비	번개	햇빛	차가움	불

선글라스를 쓴다.	모자를 쓰고 목도리를 두른다.	우산을 쓴다.	119에 전화한다.	안으로 들어간다.

넌 사람이니? 로봇이니?

1. 피곤하거나 힘이 없을 때 어떻게 하니?
   A. 뭔가를 먹거나 마신다.
   B. 충전기를 연결한다.

2. 물 온도가 수영을 해도 괜찮은지 알고 싶으면 어떻게 하니?
   A. 물속에 손을 넣어 알아본다.
   B. 온도 센서의 측정값을 확인한다.
      하지만 물은 전자 부품에 좋지 않아서 수영은 하지 않는다.

3. 머리가 아프면 어떤 까닭이라고 생각하니?
   A. 잠을 충분히 자지 않았기 때문이라고 생각한다.
   B. CPU(중앙 처리 장치)가 뜨거워졌기 때문이다.

4. 모르는 단어를 발견하면 어떻게 행동하니?
   A. 무슨 뜻인지 궁금해한다.
      그리고 앞뒤 문장을 보며 이해하려고 애쓴다.
   B. 아무도 정의해 주지 않은 새로운 정보로 무엇을 할지
      알 수 없으므로 시스템을 종료한다.

5. 넘어져 무릎에 상처가 생기면 어떻게 행동하니?
   A. 반창고를 붙인다.
   B. 상점으로 가서 새 무릎을 산다.

A가 대부분이면 ⇒ 사람   B가 대부분이면 ⇒ 로봇

우리 같은 로봇의 두뇌는 컴퓨터야.
컴퓨터가 무엇인지 아니?
처음에는 컴퓨터가 진짜 사람이었어.

'컴퓨터'라는 단어가
처음 등장한 때는 1613년이었어.
'계산하는 사람'이라는 뜻이었지.

계산해 볼까?

로봇은 모두 몇일까? _____

손이 빨간색인 로봇은 모두 몇일까? _____

눈이 네 개인 로봇은 모두 몇일까? _____

로봇의 눈은 모두 합쳐 몇 개일까? _____

함께하는 놀이코딩

비트, 달 여행 즐겁게 다녀와!

지구에서 달까지 거리는 약 38만 킬로미터야.
비트는 한 시간에 10킬로미터를 달릴 수 있지.

아래 문제를 계산해 봐.
비트가 달에 가려면 얼마나 걸릴까? _____
비트가 달에 갔다 지구로 돌아오려면
얼마나 걸릴까? _____

이걸 계산했다고?
사람 컴퓨터군!

캐서린 존슨은 미국 항공우주국인 나사에서 가장 뛰어난 컴퓨터 중 한 명이었어. 캐서린은 우주선의 궤도를 계산했지. 나사가 사람 대신 기계 컴퓨터를 이용하기 시작했을 때도 캐서린은 기계 컴퓨터가 정확하게 계산했는지 검증하는 일을 했어.

얼마나 빨리 계산할 수 있는지 해 보자.
10초 동안 몇 문제나 풀 수 있을까?
초시계를 준비해.

1 + 5 =
2 + 4 =
3 + 3 =
4 + 2 =
5 + 1 =
10 - 3 =
9 - 6 =
8 - 4 =
7 - 3 =
10 - 5 =

10문제를 모두 계산했다고? 정말 빠르군.

하지만 계산이 아주 빠른 사람도
1초에 한 문제밖에는 풀 수 없을 거야.
그런데 컴퓨터는 1초에 수백만 번씩이나
계산할 수 있어.

사람들은 더 빨리 계산할 수 있는 방법을
찾으려고 많은 애를 썼어.
처음에는 돌과 막대기를 사용했지.

중국에서 아주 오래전에
사용했던 옛날 주판이야.

주판은 집중력과 암산에 도움이 되어 많이들 배우지.
주판을 살펴보면,
가운데 가로 막대를 사이에 두고
아래는 4줄, 위에는 1줄로 주판알이 늘어서 있어.

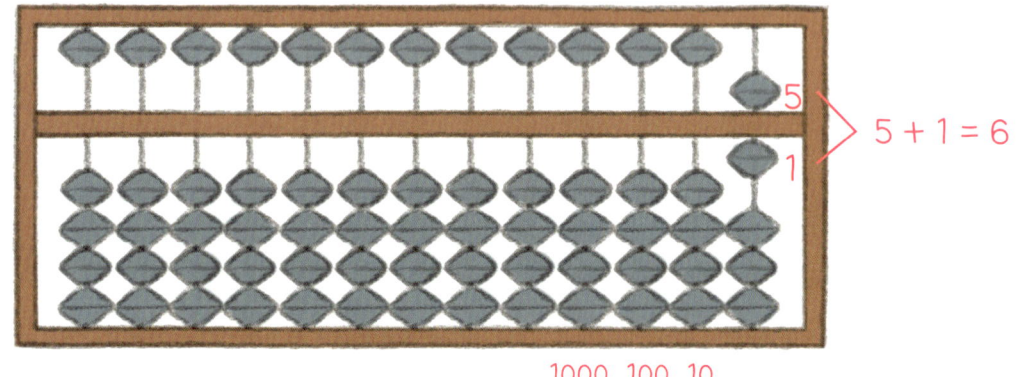

위쪽 주판알은 5, 50, 500, 5000 등을 나타내.
아래쪽 주판알은 1, 10, 100, 1000 등을 나타내지.

주판으로 수를 어떻게 나타내는지 알아볼까?
빈칸을 채워 봐.

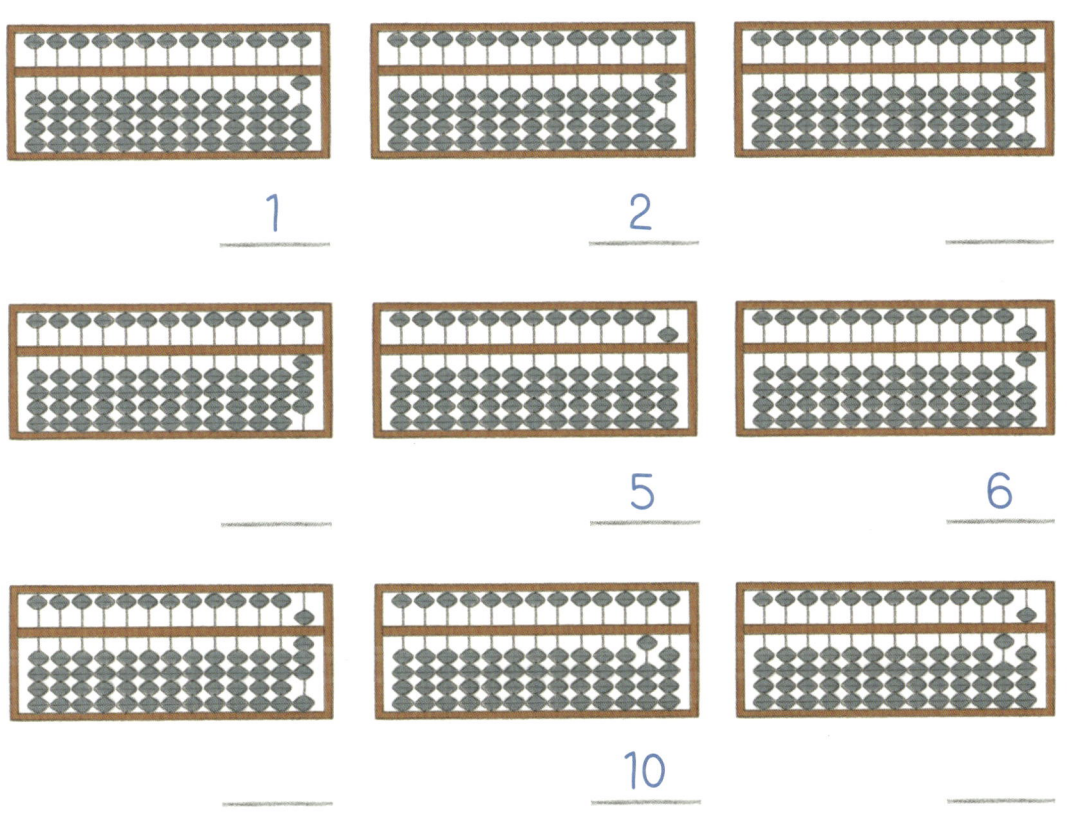

1   2   ___

___   5   6

___   10   ___

아래 수는 얼마일까?

___   ___

1940년대 미국에서는 컴퓨터 역할을 맡은 사람이 대부분 여성이었어. 그래서 초기 기계 컴퓨터들은 성능을 여성 한 명이 계산할 수 있는 양으로 나타냈지.

그러니까 기계 컴퓨터 한 대가 여성 한 명이 1년 동안 계산할 수 있는 만큼 계산할 수 있다면 1걸이어(girlyear)라고 표시했어.

1946년에 만들어진 최초의 전자식 컴퓨터 에니악은
1초에 5천 번이나 계산할 수 있었어. 성능이 5천 걸이어인 셈이지.

세계에서 가장 빠른 컴퓨터는 미국의 슈퍼컴퓨터 서밋이야.
1초에 무려 1천조 번을 계산할 수 있어.

코딩할 수 있는 것에 색칠해 봐!

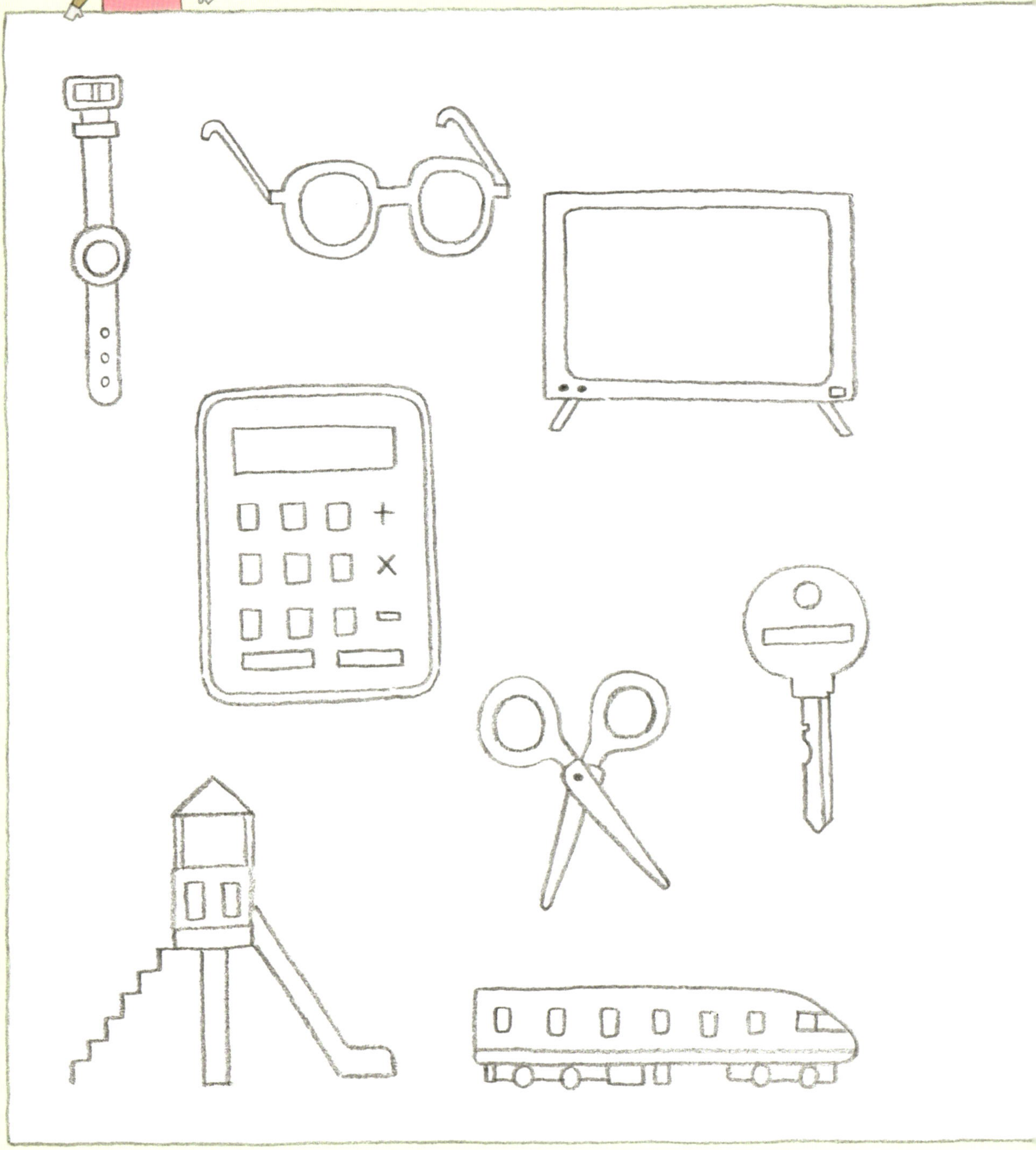

그렇다면 컴퓨터는 정말 뭐야?
슈퍼컴퓨터처럼 크기도 하고,
휴대전화에 들어갈 만큼 작기도 하다는 거야?

컴퓨터의 모양은 제각각이지만 기본 기능은 전부 같아.
컴퓨터의 두뇌부터 살펴볼까?

이건 CPU라고 해. 중앙 처리 장치라는 뜻이지.
컴퓨터의 모든 신호가 여기로 모여.

데이터는 우리가 컴퓨터와 주고받는 정보를 가리켜.
화면 터치를 '입력'이라고 부르지.

화면에서 재생 버튼을 터치하면
CPU는 음악 프로그램을 시작하고
스피커로 음악을 연주해.

스피커에서 흘러 나오는 음악이 '출력'이야.

왼쪽 그림을 보고 어떤 일이 일어날지 오른쪽 빈칸에 적어 봐.

입력(INPUT)   출력(OUTPUT)

자동문 앞에 사람이 있다.

연기가 난다.

엘리베이터의 올라가는 단추를 누른다.

Digit(디지트)라는 영어 단어는
숫자를 뜻하는 Number(넘버)와 같은 뜻이야.
이 말은 손가락을 의미하는 라틴어에서 유래했어.
아마도 사람들이 손가락으로 수를 세기 때문이었을 거야.

DIGITAL

디지털, 숫자로 만들었다는 뜻이지.

컴퓨터로 들어가는 정보는 모두
0이나 1로 바뀌어.
컴퓨터 음악도 0과 1로 만들어지니까
디지털 음악이라고 부르는 거야.

전구 아래에 0이나 1을 써 봐!
꺼진 전구는 0, 켜진 전구는 1이야.

( ) ( ) ( ) ( ) ( ) ( ) ( ) ( )

( ) ( ) ( ) ( ) ( ) ( ) ( ) ( )

( ) ( ) ( ) ( ) ( ) ( ) ( ) ( )

0과 1들이 많이 모이면 뭐든지 만들 수 있어.
동영상이나 소리, 사진, 글자들이 전부 0과 1로
만들어지는 거야. 0과 1들이 어떻게 모이는지
표로 정리돼 있는데, 이것을 아스키 표라고 불러.
아래는 영어 알파벳을 아스키로 나타낸 거야.

0100 0001	A
0100 0010	B
0100 0011	C
0100 0100	D
0100 0101	E
0100 0110	F
0100 0111	G
0100 1000	H
0100 1001	I
0100 1010	J
0100 1011	K
0100 1100	L
0100 1101	M
0100 1110	N
0100 1111	O
0101 0000	P
0101 0001	Q
0101 0010	R
0101 0011	S
0101 0100	T
0101 0101	U
0101 0110	V
0101 0111	W
0101 1000	X
0101 1001	Y
0101 1010	Z

내 이름을 아스키로 쓰면 이렇게 되지.

B-01000010
I-01001001
T-01010100

내 이름은 아스키로 이렇게 써.

B-01000010
O-01001111
T-01010100

너의 영문 이름을 아스키로 나타내 봐.

나의 영문 이름은 _____ 입니다.

글자마다 0과 1이 합쳐서 모두 8개씩이었지?
이렇게 8개씩 묶어 바이트라고 불러.
0과 1들이 컴퓨터로 마구 들어가면
컴퓨터는 바이트 단위로 센단다.

0이나 1을 1비트라고 해.
바로 내 이름이지. 8비트는 1바이트와 같아.
데이터의 기억 용량 단위를 알아볼까?

8비트(Bit)	1바이트(Byte)	컴퓨터가 처리하는 정보의 기본 단위
1024바이트	1킬로바이트(KB)	천(10의 3제곱)
1024킬로바이트	1메가바이트(MB)	백만(10의 6제곱)
1024메가바이트	1기가바이트(GB)	십억(10의 9제곱)
1024기가바이트	1테라바이트(TB)	조(10의 12제곱)
1024테라바이트	1페타바이트(PB)	천조(10의 15제곱)
1024페타바이트	1엑사바이트(EB)	백경(10의 18제곱)
1024엑사바이트	1제타바이트(ZB)	십해(10의 21제곱)
1024제타바이트	1요타바이트(YB)	자(10의 24제곱)

아스키 코드에는 한글이 없어.
그래서 나라별 언어를 표현하기 위해 유니코드를 만들었어.
아래 표가 한글 유니코드야.

	110	111	112	113	114	115	116	117	118	119	11A	11B	11C	11D	11E	11F
0	ㄱ	ㅌ	ㅃㄷ	ㅅㄹ	ㅿ	ㅈ	HJF	ㅖ	ㅔ	ㆎ	ㅏ	ㄹㄱ	ㅌ	ㄹㄹ	ㅁㅊ	ㅇ
1	ㄲ	ㅍ	ㅄ	ㅅㅁ	ㅇㄱ	ㅉ	ㅏ	ㅓ	ㅖ	ㆊ	ㅣ	ㄹㅁ	ㅍ	ㄹㅇㄱ	ㅁㅎ	ㅇㅅ
2	ㄴ	ㅎ	ㅄㄱ	ㅅㅂ	ㅇㄷ	ㅊㅋ	ㅐ	ㅠ	ㅗ	ㆋ	ㆍ	ㄹㅂ	ㅎ	ㄹㅂㅅ	ㅁ	ㅇㅿ
3	ㄷ	ㄴㄱ	ㅄㄷ	ㅅㅂㄱ	ㅇㄷ	ㅊㅎ	ㅑ	ㅡ	ㅜ	ㆌ	ㅗ	ㄹㅅ	ㄱㄹ	ㄹㅂㅅ	ㅂㄹ	ㅍㅂ
4	ㄸ	ㄴㄴ	ㅄㅂ	ㅆ	ㅇㅂ	ㅊ	ㅒ	ㅓ	ㅠ	ㆌ	ㅜ	ㄹㄹ	ㄱㅅㄱ	ㄹㅂㅎ	ㅂㅂ	ퟰ
5	ㄹ	ㄴㄷ	ㅄㅅ	ㅅㅇ	ㅇㅇ	ㅊ	ㅓ	ㅣ	ㅙ	ㅠ	ㆇ	ㄹㅍ	ㄴㄱ	ㄹㅇ	ㅂㅇ	ㅎㄴ
6	ㅁ	ㄴㅂ	ㅄㅈ	ㅅㅈ	ㅇㅿ	ㅍㅂ	ㅔ	ㅗ	ㆊ	ㅡ	ㅑ	ㄹㅎ	ㄴㄷ	ㄹㅆ	ㅂ	ㅎㄹ
7	ㅂ	ㄷㄱ	ㅄㅈ	ㅅㅊ	ㅇㅇ	ㅍ	ㅏ	ㅜ	ㆌ	ㅜ	ㅒ	ㅁ	ㄴㅅ	ㄹㅅ	ㅅㄱ	ㅎㅎ
8	ㅃ	ㄹㄴ	ㅄㅊ	ㅅㅋ	ㅇㅈ	ㅎㅎ	ㅖ	ㆋ	ㆊ	ㅏ	ㄱ	ㅂ	ㄴㅅ	ㄹㅋ	ㅅㄷ	ㅎㅂ
9	ㅅ	ㄹㄹ	ㅄㅌ	ㅅㅌ	ㅇㅊ	ㅎ	ㅗ	ㆍ	ㆌ	ㅑ	ㄲ	ㅄ	ㄴㅌ	ㄹㅇ	ㅅㄴ	ㅎ
A	ㅆ	ㄹㅎ	ㅄㅍ	ㅅㅍ	ㅇㄷ	ㄱㄷ	ㅘ	ㆎ	ㆈ	ㅗ	ㄱㅅ	ㅅ	ㄷㄱ	ㅁㄱ	ㅅㅂ	ㄱㄴ
B	ㅇ	ㄹㅁ	ㅸ	ㅅㅎ	ㅇㅍ	ㄴㅅ	ㅙ	ㆌ	ㆋ	ㅜ	ㄴ	ㅆ	ㄷㄹ	ㅁㄹ	ㅿ	ㄱㅂ
C	ㅈ	ㅁㅂ	ㅹ	ㅅ	ㅇ	ㄴㅈ	ㅚ	ㅡ	ㆌ	ㅡ	ㄴㅈ	ㅇ	ㄹㄱㅅ	ㅁㅂ	ㅇㄱ	ㄱㅊ
D	ㅉ	ㅁ	ㅅㄱ	ㅆ	ㅈㅇ	ㄴㅎ	ㅛ	ㆍ	ㅜ	!	ㄴㅎ	ㅈ	ㄹㄹ	ㅁㅅ	ㅇㄱ	ㄱㄲ
E	ㅊ	ㅂㄱ	ㅅㄴ	ㅅ	ㅈ	ㄷㄹ	ㅜ	ㅜ	ㆊ	、	ㄷ	ㅊ	ㄹㄷ	ㅁㅆ	ㅇㅇ	ㄱㅎ
F	ㅋ	ㅂㄴ	ㅅㄷ	ㅆ	ㅉ	HCF	ㅕ	ㅓ	ㆌ	ㆎ	ㄹ	ㅋ	ㄹㄷㅎ	ㅁㅿ	ㅇㄱ	ㄴㄴ

복잡하다고? 이런 걸 모두 외울 필요는 없어.
유니코드가 뭔지만 알면 돼.

왼쪽 색깔 표를 참고해서 네모 칸을 색칠해 봐.
어떤 그림이 그려질까?

01	01	01	01	01	01	01	01	01	01	01	01	01
01	01	00	01	01	01	11	01	01	01	01	01	01
01	00	01	01	01	11	11	11	01	01	01	01	01
01	01	01	01	11	11	11	11	11	01	00	01	01
01	01	01	01	01	11	11	11	01	01	01	00	01
01	01	01	01	01	01	11	01	01	01	01	01	01
01	01	01	10	01	01	10	01	01	10	01	01	01
01	10	01	01	10	01	10	01	10	01	01	10	01
01	01	10	01	01	10	10	10	01	01	10	01	01
00	00	00	10	00	00	10	00	00	10	00	00	00
00	00	00	00	10	00	10	00	10	00	00	00	00
00	00	00	00	00	10	10	10	00	00	00	00	00
00	00	00	00	00	00	00	00	00	00	00	00	00

박수를 치면 봇이 나에게
사탕을 주도록 코딩하고 싶어.
파랑 사탕, 빨강 사탕, 파랑 사탕, 빨강 사탕……

박수를 치면 봇이 나에게 사탕을 주도록 코딩하고 싶어.

어떻게 해야 하지?

이렇게 하면 될까?

코드를 작성해야겠네!

 비트, 코딩은 코드를 늘어세우는 것만이 다가 아니야.
코딩은 컴퓨터에 할 일을 알려 주는 과정이야.
코딩에는 문제 해결 과정과 코드 작성을 위한
판단 과정도 포함돼.

이제 한번 해 볼까?

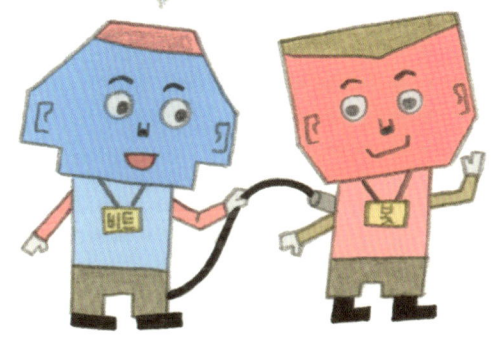

코드를 손봐야겠는걸.

코딩은 한마디로
여러 방법을 테스트하고
다시 생각해 제대로 된
방법을 찾는 과정이야.

프로그래밍 언어는 1000가지가 넘어.
은행 업무에 사용되는 언어도 있고,
스마트폰 앱을 만드는 언어도 있어.

오른쪽은 프로그래밍 언어들이야.
이 가운데 두 개는 프로그래밍 언어가 아니야.
골라낼 수 있니?

프로그래밍 언어를 따라 써 봐!

힌트 : 두 개는 게임 캐릭터야.

파이썬 자바
스크래치
피카츄 C#
C++ 도찌
자바스크립트
스위프트
아두이노

어떤 언어는 텍스트로 코딩해.
또 어떤 언어는 블록을 사용해 코딩하지.

텍스트 사용	블록 사용
파이썬 (Python) print("Hello World")	스크래치 (Scratch) 클릭했을 때 / Hello World! 말하기

자바스크립트
(JavaScript)
 	
`for (var count =0; count < 5; count++){`
`  moveForward();`
`}`
	코드닷오아르지
	(code.org)
	
	실행하면 / 반복 5 번 실행 / 앞으로 이동

같은 일을 하는 텍스트 코드와 블록 코드를 서로 짝지을 수 있니?

응. 파이썬과 스크래치, 자바스크립트와 코드닷오아르지가 같은 명령을 내리는 코드야.

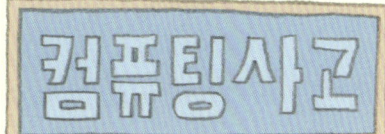
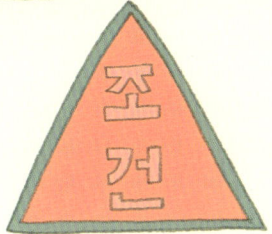

어떤 프로그래밍 언어를 배우더라도
기본적으로는 같은 내용을 배우는 거야.
알고 있으면 좋은 개념 12가지를 알려 줄까?

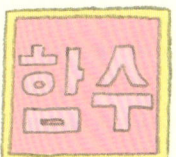

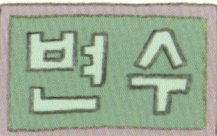
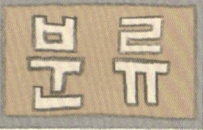

컴퓨팅 사고

코딩을 잘하려면
컴퓨터에 문제를 설명하는 연습이 필요해.
이를 컴퓨팅 사고라고 불러.

이 친구는 렉이야.
렉은 직사각형으로만 만들어졌어.
직사각형이 모두 몇 개인지 셀 수 있니?

뭔가를 보고 더 작은 조각으로
나누는 방법으로 컴퓨팅 사고를
연습할 수 있어.

비트와 나는 컴퓨팅 사고를 잘하지.
우리에게 필요한 건 사람의 사고야.
사람의 사고는 훨씬 더 복잡해.

알고리즘

알고리즘은 문제를 풀 수 있는 단계별 명령을 말해.
이 수학 문제는 어떻게 풀어야 할까?

$$46 - 24 =$$

아래 알고리즘대로 해 봐.

1. 일의 자리를 계산해. $6 - 4 = 2$
2. 십의 자리를 계산해. $40 - 20 = 20$
3. 두 결과를 더해. $2 + 20 = 22$
4. 빈칸에 합계를 써. $46 - 24 = 22$

위의 알고리즘대로 나머지 문제들도 풀어 봐.

56 − 13 = _____   29 − 11 = _____

82 − 71 = _____   32 + 24 = _____

14 + 41 = _____   63 − 22 = _____

매일매일 하는 일들도 알고리즘의 한 종류야.

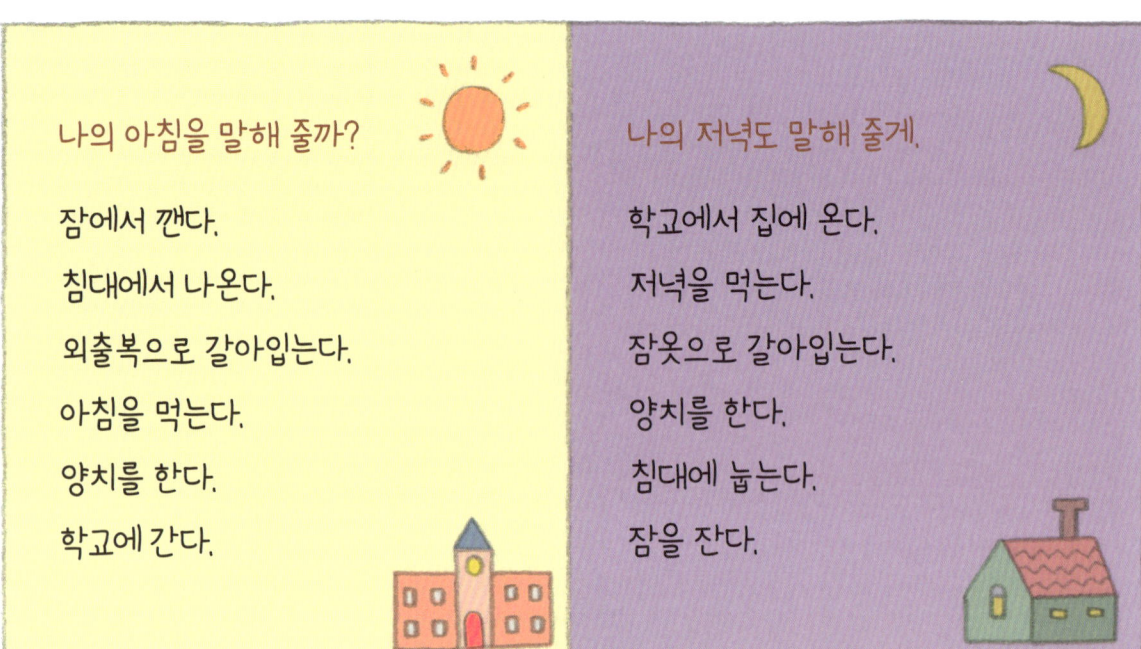

나의 아침을 말해 줄까?

잠에서 깬다.
침대에서 나온다.
외출복으로 갈아입는다.
아침을 먹는다.
양치를 한다.
학교에 간다.

나의 저녁도 말해 줄게.

학교에서 집에 온다.
저녁을 먹는다.
잠옷으로 갈아입는다.
양치를 한다.
침대에 눕는다.
잠을 잔다.

너의 하루를 적어 봐.

붓이 원을 그리는 알고리즘를 만들었어.
그런데 제대로 작동하지 않는 걸 보니 무슨 실수를 했나 봐.

어디가 잘못됐을까? 순서를 바로잡아 봐.

1. 펜을 쥔다.
2. 뚜껑을 연다.
3. 펜을 종이에 댄다.
4. 펜을 들어 올린다.
5. 종이에 원을 그린다.
6. 뚜껑을 닫는다.
7. 펜을 내려놓는다.

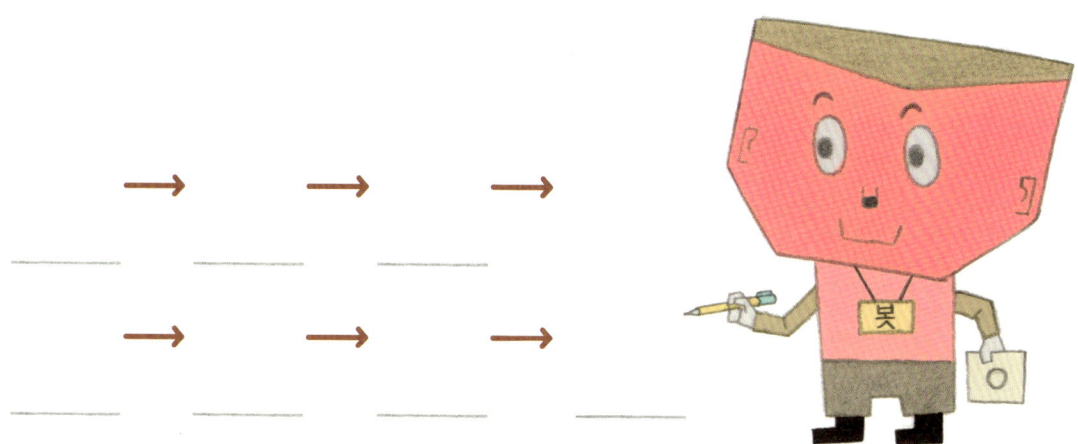

햄버거를 만드는 알고리즘은 어떻게 될까?

아래 그림과 똑같은 순서로 햄버거를 만들어 봐.

이 모양처럼 만들어 봐~!

1	빵2
2	
3	
4	
5	
6	
7	
8	

컴퓨터는 모든 것이 올바른 순서대로 늘어선 코드만을 읽을 수 있어. 그래서 앞뒤 순서가 바뀌면 명령어가 제대로 실행될 수 없지.
예를 들어 비트에게 "수학 교과서 25쪽을 펴."라고 명령한다면 어떻게 코딩해야 할까?

사람의 언어	명령어	비트
수학 교과서 25쪽을 펴.	집어.	무엇을 집어?
	수학 교과서를.	아~, 수학 교과서를 집었어.
	펴.	몇 쪽을 펴?
	25쪽을.	아~, 수학 교과서 25쪽을 폈어.

사람의 언어	명령어	비트
수학 교과서 25쪽을 펴.	펴.	무엇을 펴?
	집어.	모르겠어. 무엇을 집으라는 거야?
	25쪽을.	이런! 못 알아듣겠어.

이처럼 시퀀스는 앞뒤가 꼭 지켜져야 하는 순서를 말해.

로봇이 비트와 봇에게 무슨 말을 하려고 해.

**비트와 봇이 이해할 수 있도록 단어들을
올바른 순서대로 놓아 줄래?**

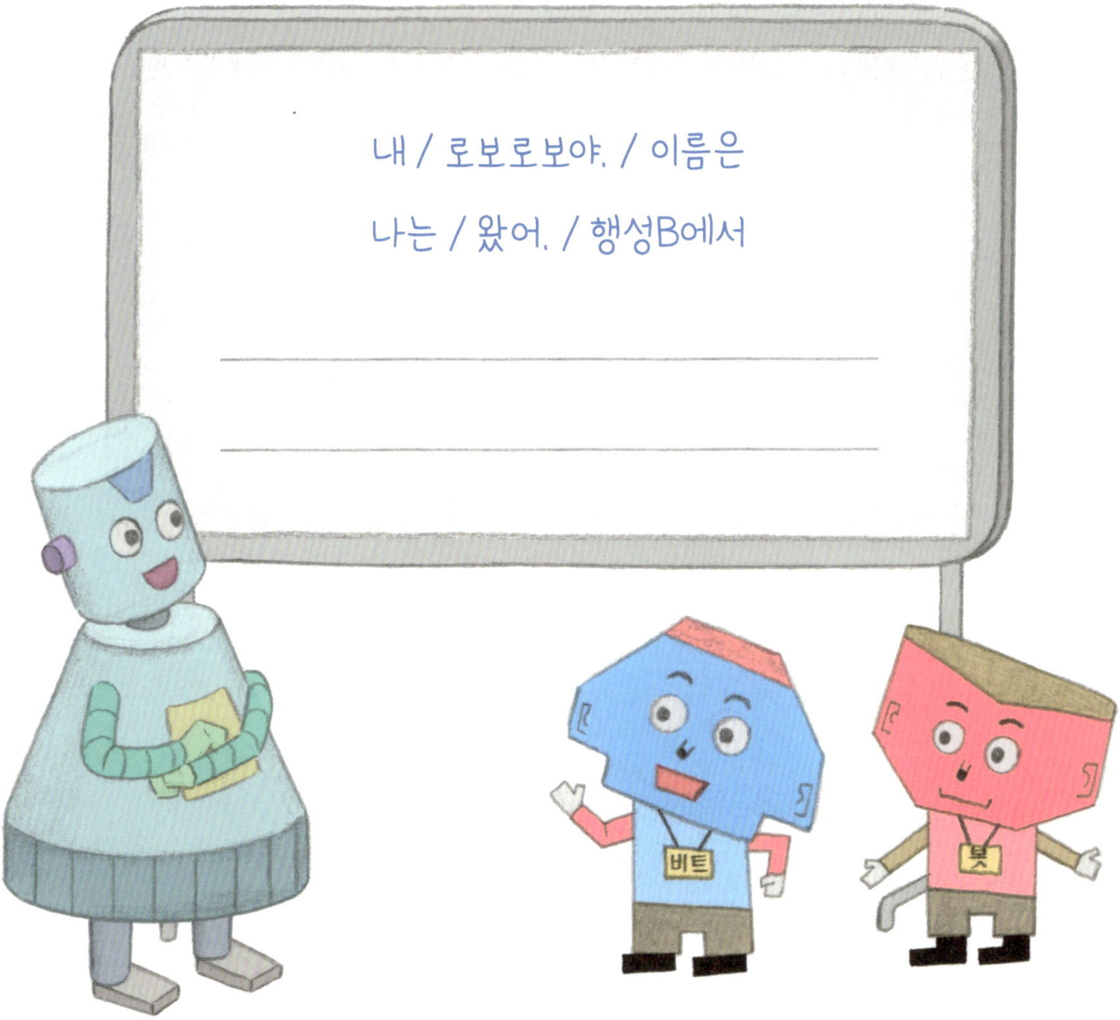

내 / 로보로보야. / 이름은

나는 / 왔어. / 행성B에서

비트는 어떤 순서로
아이스크림을 만들었을까?

🪙	코인	10점
👾	몬스터	-10점
🦄	유니콘	30점
🐉	드래곤	-50점
🌈	무지개	목표

명령

- 비트를 무지개로 데려가.
- 코인을 최대로 획득해.
- 몬스터와 드래곤을 피해.
- 유니콘은 보너스 점수야.
- 몇 점이나 얻을 수 있니?
- 올바른 시퀀스로 방향을 알려 줘.

앞으로 가기	 ⬆
왼쪽으로 돌기	 ⬅
오른쪽으로 돌기	 ➡
뒤로 가기	 ⬇
코인 집기	 ★
점프하기	 ⊗

비트가 왼쪽 명령을 실행하도록 아래에 코드를 써 봐.

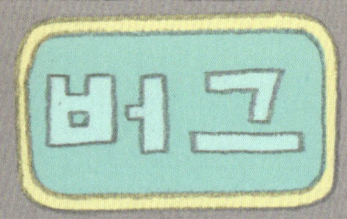

코드에 오류가 있으면 올바로 작동하지 않아.
이 오류를 '버그'라고 해.
컴퓨터와 로봇은 조금이라도 오류가 있으면 안 돼.
하지만 사람은 코딩하면서 여러 실수를 하지.
알고리즘이 올바르지 않을 때도 있어.
시퀀스에 문제가 있을 수도 있지.
단순히 맞춤법이 틀렸을 수도 있을걸?
아래 단어에서 버그를 찾아서 제대로 고쳐 써 봐.

콤퓨토	컴퓨터
알고래즘	
코딩	
임력	
바그	

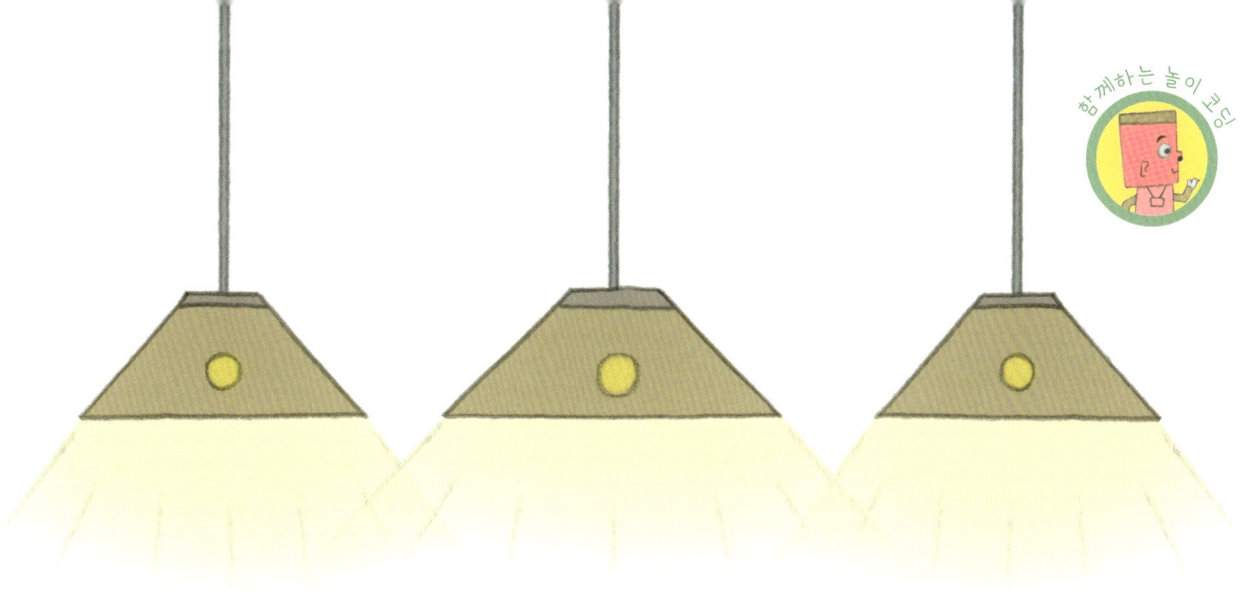

오른쪽 로봇에서 왼쪽 로봇과 다른 곳 5개를 찾아서 동그라미로 표시해 봐.

위아래 그림을 비교해서 다른 곳 다섯 군데를 표시해 봐.

루프는 반복을 의미해.

앞으로 가기

앞으로 가기

앞으로 가기 ⟶ 반복(5): 앞으로 가기

앞으로 가기

앞으로 가기

같은 코드를 반복해서 여러 번 작성하지 말고 루프를 사용해 봐.

루프는 프로그래밍 언어마다 다른 방법으로 만들 수 있어.

```
for (var count =0; count < 5; count++){
   moveForward();
}
```

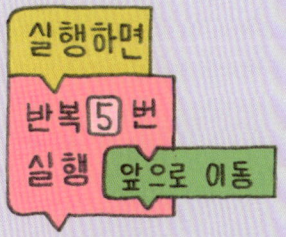

이건 자바스크립트로 만든 루프야.

이건 코드닷오아르지로 만든 루프야.

 비트와 나를 루프로 코딩하려면 이렇게 생긴 중괄호가 필요해.

 이건 루프에 사용하는 기호야.

루프가 몇 번이나 실행되는지 횟수도 적어야 해.
중괄호 안에 반복할 코드를 넣는 거야.

 4 { 앞으로 가기 오른쪽으로 돌기 } 이 코드를 실행하면 어떻게 될까?

아래 그림을 완성해 봐.

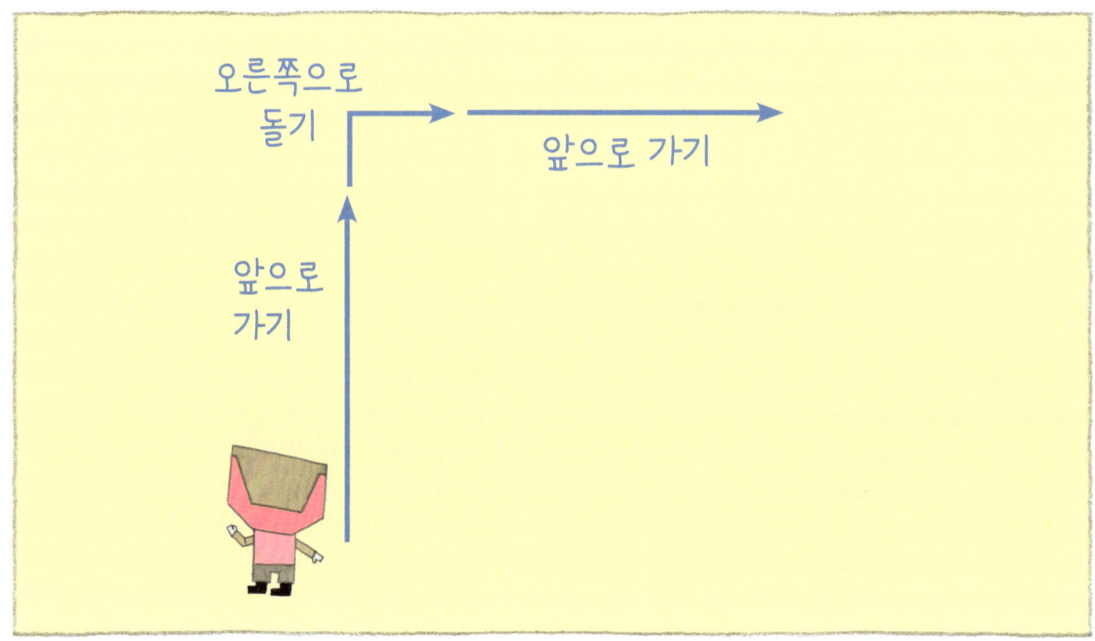

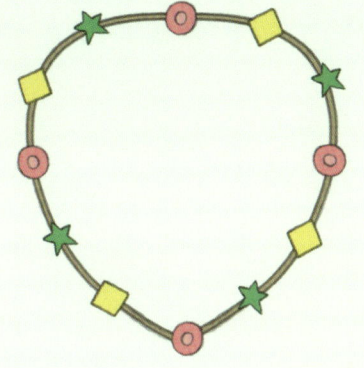

이 팔찌 멋지지? 패턴을 반복해서 너만의 목걸이와 팔찌를 그려 봐.

명령

- 학교에 가는 길을 알려 줘.
- 가방 먼저 들어.
- 준비물 모두 챙겨.
- 학교에 간다.
- 루프를 사용해 봐.

앞으로 가기	↑
왼쪽으로 돌기	←
오른쪽으로 돌기	→
뒤로 가기	↓
집어 들기	★
루프	 ↻
중괄호	{ }

여기에 코드를 작성해 봐.

나와 봇이 차를 타고 바닷가에 갈 때
이런 조건을 말할 수 있어.
"만약 바닷가에 도착하면 수영을 할 거야."
이때 조건이 맞는지 항상 확인해야 해.
그러려면 봇에게 바닷가에 다 왔는지 물어봐야겠지?

집에서도 조건을 생각할 수 있어.
"만약 숙제를 끝내면 게임을 할 수 있어."
코딩은 이런 식으로 하는 거야.

아래 장치들에서 '만약 ~라면' 조건을 찾을 수 있니?

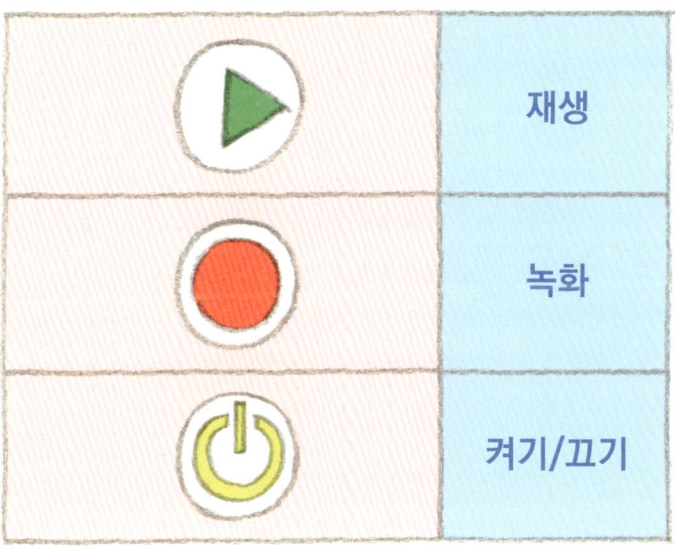

IF는 '만약 ~라면'을, THEN은 '그렇다면'을 나타내.

나한테 할 일을 코딩해 줄래?
조건에 맞는 답을 연결해 봐.

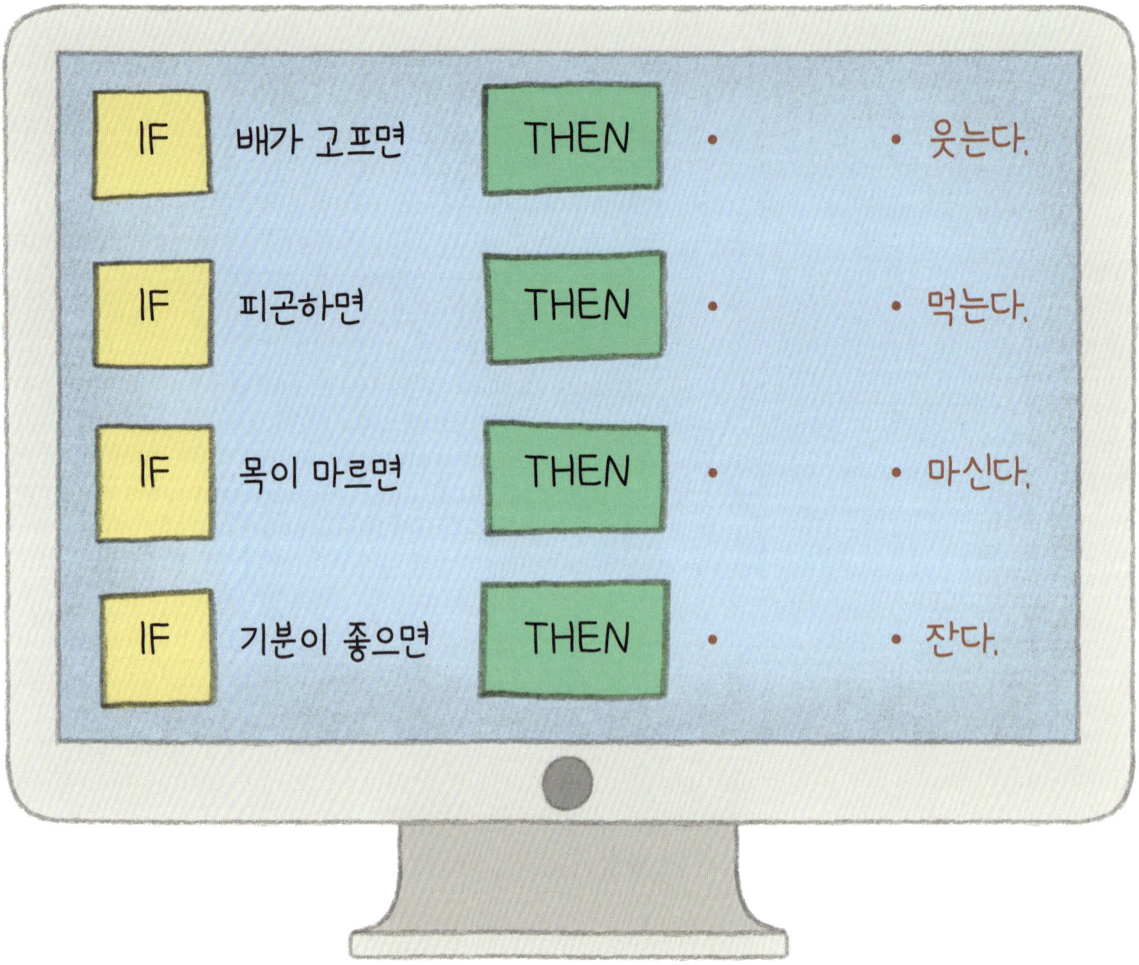

IF	배가 고프면	THEN	•	• 웃는다.
IF	피곤하면	THEN	•	• 먹는다.
IF	목이 마르면	THEN	•	• 마신다.
IF	기분이 좋으면	THEN	•	• 잔다.

조건이 맞지 않을 때는 어떡해야 할지도 알려 줘야 해.
그럴 때 ELSE를 이용해.
ELSE는 '아니라면'을 나타내.

한 걸음씩 걸을 때마다
오른쪽 길이 있는지 살펴.
오른쪽 길이 있으면 오른쪽으로 돌아.
오른쪽 길이 없으면 앞으로 가.

비트를 봇에게 갈 수 있게 '조건'을 사용해
코딩할 수 있어.

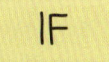

IF	오른쪽 길이 있다면
THEN	그렇다면 오른쪽으로 돌기
ELSE	아니라면 앞으로 가기

붓을 비트에게 데려다주는 코드를 만들어 봐.

IF	_____
THEN	_____
ELSE	_____

봇이 비트에게 가는 길을 코딩해 봐.
별을 몇 개나 모을 수 있니?

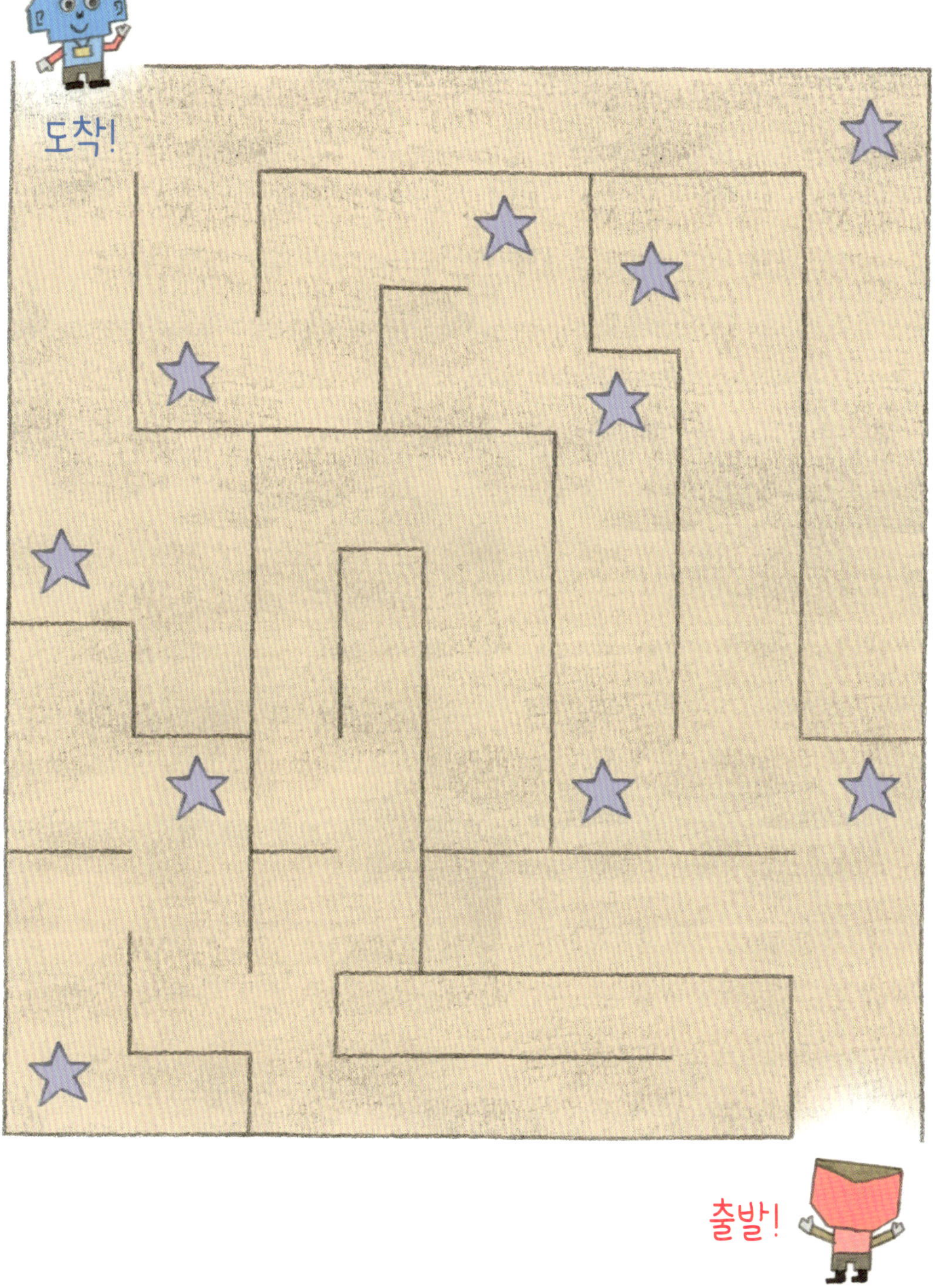

도착!

출발!

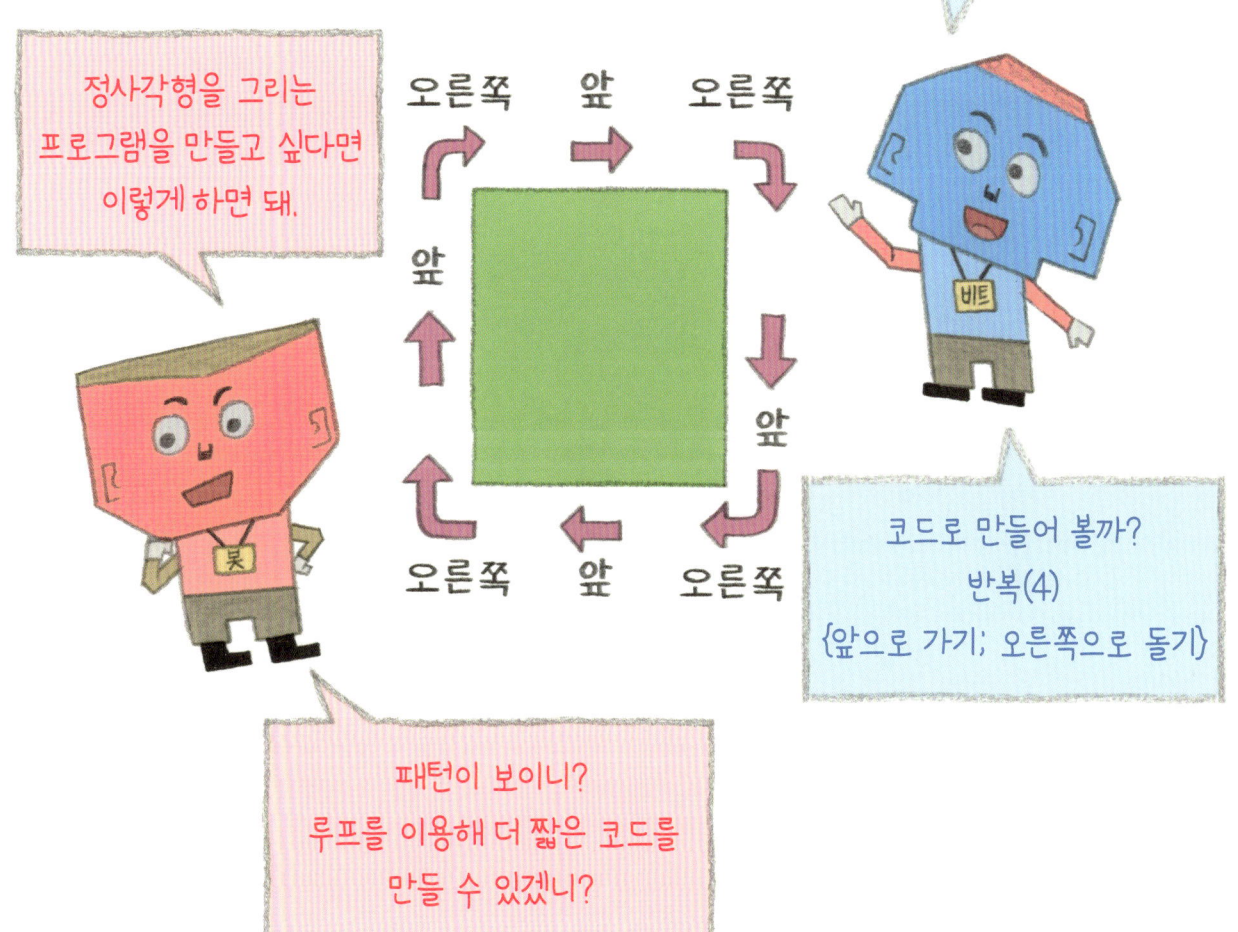

모양이 똑같은 두 선인장을 찾을 수 있니?

아, 안 돼! 나사 하나가 없어졌어!
나사들을 전부 순서대로 늘어놓아야 해.
어떤 나사가 없는지 찾아 줘.

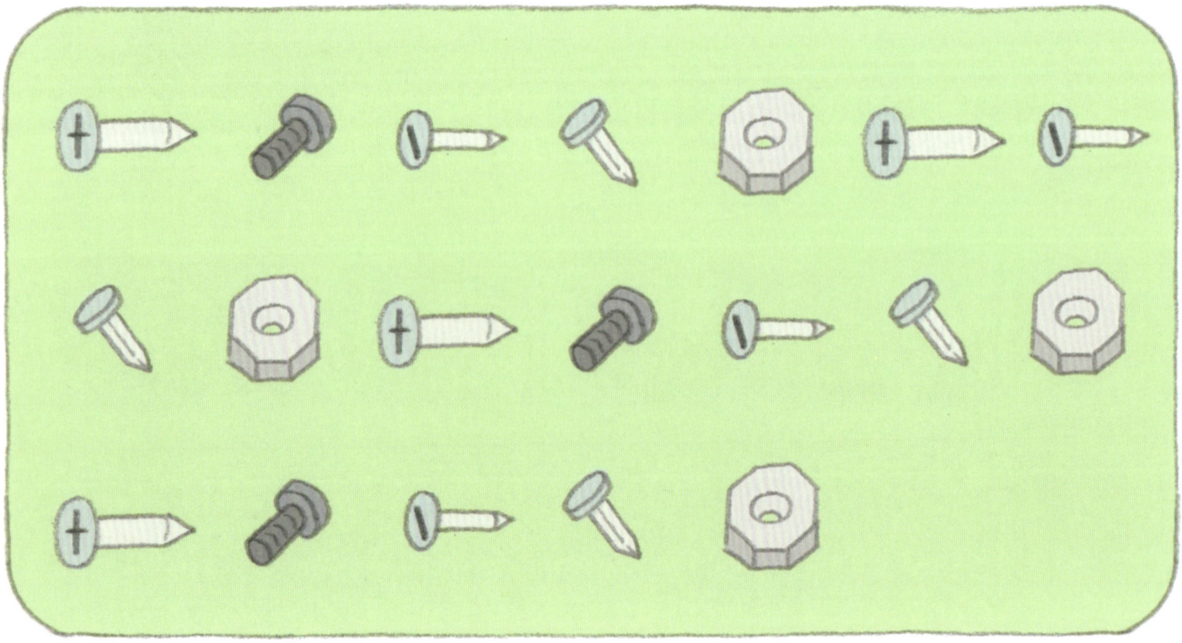

아래 물건들을 분류할 수 있게 비트를 도와줘.

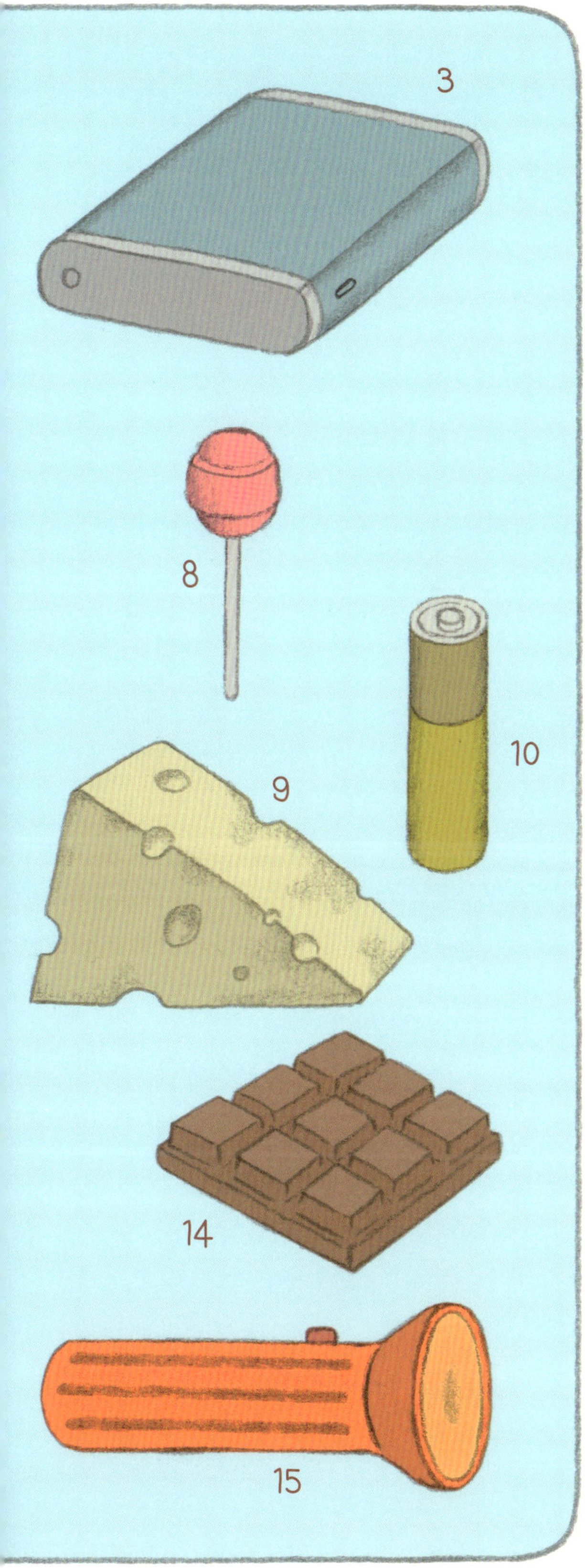

모양이 같은 것들끼리

―――――――――――――――

에너지를 내는 것들끼리

―――――――――――――――

빛을 내는 것들끼리

―――――――――――――――

메모리 장치로
사용할 수 있는 것들끼리

―――――――――――――――

먹을 수 있는 것들끼리

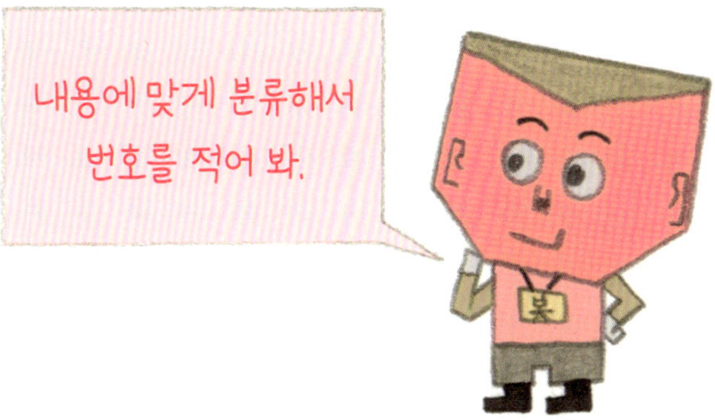

―――――――――――――――

내용에 맞게 분류해서
번호를 적어 봐.

꼬리가 달린 동물들을 초록색으로 칠해.
깃털이 있는 동물들을 노란색으로 칠해.
개에게는 모두 검은 점을 그려.
물속에 사는 동물들은 파란색으로 칠해.
다리가 없는 동물에게는 줄무늬를 그려.

변수

변수는 여러 값을 담을 수 있는 그릇과도 같아.
코딩을 하다 보면 정확한 답은 모르지만 어떤 종류의 답이
필요한지 알고 있을 때가 있어.

| 바나나를 집어. | | 과일을 집어. |  |

과일 바구니에서 과일을 꺼내는 코드야.

과일 바구니에는 사과만 있어. 바나나는 꺼낼 수 없지.

코드에 과일이라는 변수를 사용할 수 있어.

이제 바구니에 어떤 과일이 있어도 코드는 제대로 작동해.

변수를 사용해 이야기를 꾸밀 수도 있어.
변수마다 번호가 매겨져 있어.
이 번호에 맞게 단어를 넣어 이야기를 완성해 봐.

1 등장인물 _____
2 등장인물 _____
3 장소 _____
4 동사 _____
5 부사 _____
6 명사 _____
7 동사 _____
8 동사 _____
9 형용사 _____

아래 빈칸에 단어를 넣어 이야기를 완성해 봐.

옛날 옛적 어느 ⟨ 3 ⟩ 에는 ⟨ 1 ⟩ 과 ⟨ 2 ⟩ 가 살았어.

매일매일 ⟨ 1 ⟩ 과 ⟨ 2 ⟩ 는 ⟨ 4 ⟩ 를 하곤 했지.

어느 날 ⟨ 5 ⟩ 일이 일어났어.

엄청 큰 ⟨ 6 ⟩ 가 나타나 ⟨ 3 ⟩ 을 부쉈어.

다행히 ⟨ 2 ⟩ 은 ⟨ 7 ⟩ 을 잘했어.

⟨ 1 ⟩ 는 ⟨ 2 ⟩ 에게 ⟨ 8 ⟩ 하라고 말했어.

그들은 그 후로 ⟨ 9 ⟩ 하게 살았어.

함수

함수는 프로그램 안에 있는 작은 프로그램과 같아.
봇이 배울 수 있게 춤을 만들어 봤어.
매번 손동작을 적지 않고 '마카레나'라는 함수로
만들었지.

마카레나

왼쪽 팔을 앞으로, 손바닥을 아래로	왼쪽으로 한 발짝
오른쪽 팔을 앞으로, 손바닥을 아래로	오른쪽으로 한 발짝
왼쪽 팔과 손바닥을 위로	마카레나 (함수로 만든 마카레나 동작을 한다.)
오른쪽 팔과 손바닥을 위로	
왼쪽 손을 오른쪽 어깨 위에	앞으로 한 발짝
오른쪽 손을 왼쪽 어깨 위에	뒤로 한 발짝
왼쪽 손을 왼쪽 귀 뒤로	마카레나 (함수로 만든 마카레나 동작을 한다.)
오른쪽 손을 오른쪽 귀 뒤로	
왼쪽 손을 오른쪽 허리로	왼쪽으로 두 발짝
오른쪽 손을 왼쪽 허리로	오른쪽으로 두 발짝
왼쪽 손을 왼쪽 엉덩이로	마카레나 (함수로 만든 마카레나 동작을 한다.)
오른쪽 손을 오른쪽 엉덩이로	

게임을 직접 만들고 있어.
점수를 올릴 때마다 게임 캐릭터가 멋진 동작을 하면 좋겠어.

그걸 함수로 만들어 볼까?

IF 점수를 올리면   THEN 예) 점프한다.

다음은 비트가 좋아하는 책들이야.

다음은 비트가 좋아하지 않는 책들이야.

나는 인터넷, 컴퓨터, 코딩,
뭐 이런 책들을 읽으면 행복해져.
목록, 수, 명령에 관한 책들도
다 좋아해.

전기가 나간다거나, 나사가 하나
없어진다거나 하는 책들을 읽으면
무서워서 잠이 오지 않아.

비트가 좋아하는 책들에 표시해 봐.

논리적 사고

논리적이라는 말은 어떤 규칙에 따라 답을 알 수 있다는 거야.
1+1=2는 논리적이지. 수학 규칙에 따라 답을 알 수 있지.
컴퓨터는 논리적 사고를 좋아해. 그래야 이해할 수 있거든.
코딩을 잘하고 싶으면 논리적 사고를 연습해야 해.
논리적 사고에 좋은 게임을 함께해 볼까?

· 충전기가 필요해 (1단계)

비트는 충전을 해야 해. 충전기까지 가는 길을 그려 줄래?

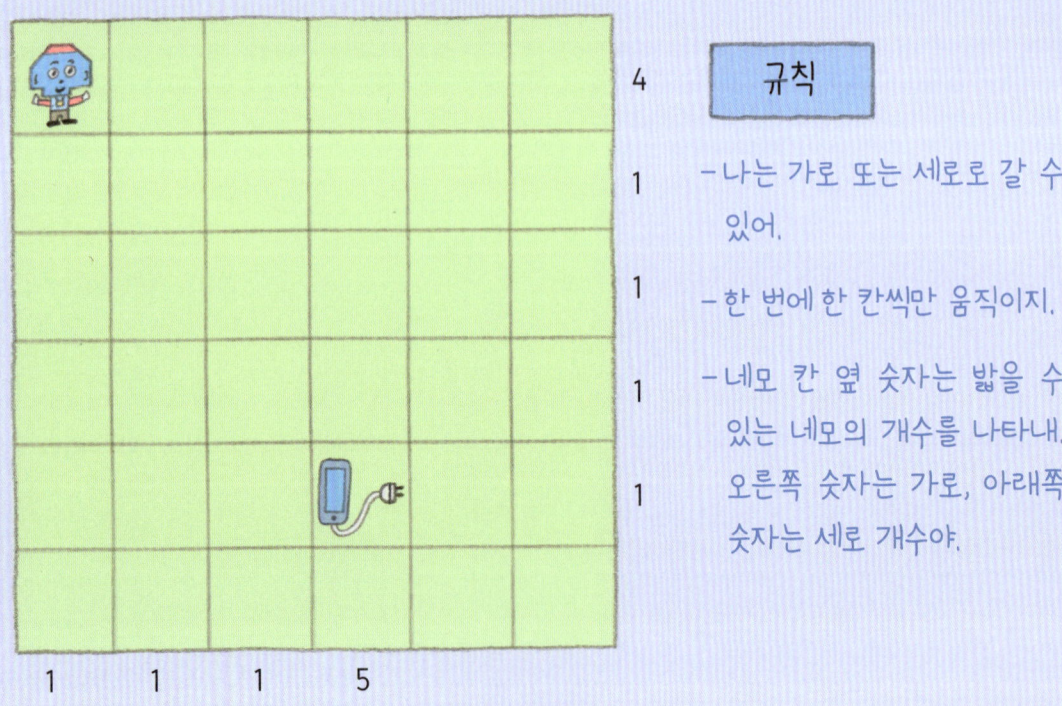

규칙

- 나는 가로 또는 세로로 갈 수 있어.
- 한 번에 한 칸씩만 움직이지.
- 네모 칸 옆 숫자는 밟을 수 있는 네모의 개수를 나타내. 오른쪽 숫자는 가로, 아래쪽 숫자는 세로 개수야.

• 충전기가 필요해 (2단계)

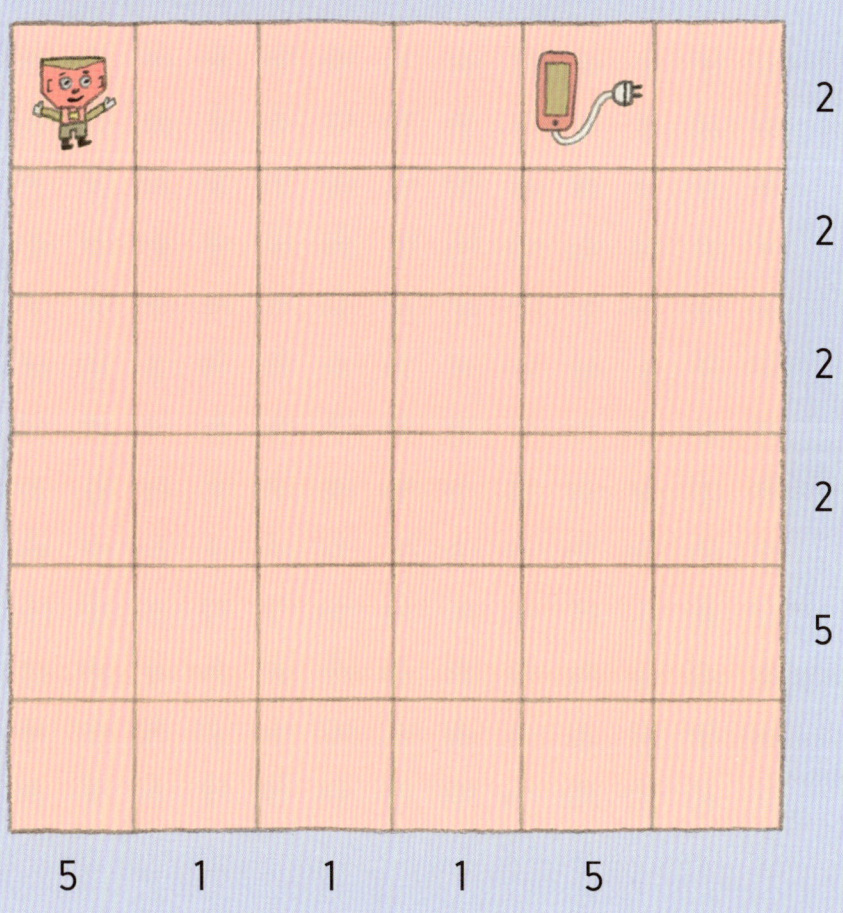

· 충전기가 필요해 (3단계)

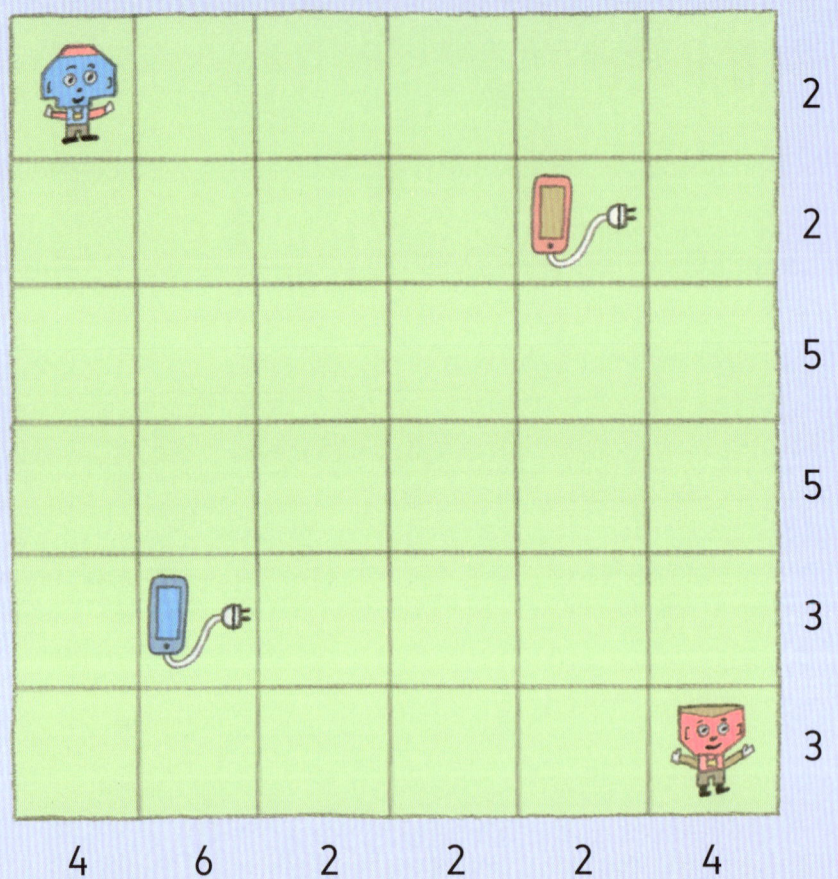

3단계에서는 비트와 봇의 길이 겹치면 안 돼.
자, 도전해 봐!

아래 게임 규칙을 잘 읽어 보고 빈 나뭇잎에 숫자를 채워 봐.

- 숫자 나뭇잎에 적힌 숫자는 1에서 10까지의 수야.
  (그중 두 개의 수는 나뭇잎에 없어.)
- 나란히 연결된 두 잎의 수를 더하면 아래로 연결된 잎의 수가 돼.
- 맨 아래에 있는 잎 3개의 수를 더하면 바구니의 수가 돼.

숫자 나뭇잎 게임

우리와 함께 놀며 코딩에 대해 많은 걸 배웠어.
흥미롭고 재미있었니?
코딩을 알면 미래에 새로운 것을 발명할 수 있을 거야.

안녕~! 또 만나!

16~17쪽	A-4 / B-1 / C-3 / D-2
20쪽	빛 센서, 터치 센서, 소리 센서, 연기 감지 센서, 온도 센서 / 비, 번개, 햇빛, 차가움, 불 / 선글라스를 쓴다, 모자를 쓰고 목도리를 두른다, 우산을 쓴다, 119에 전화한다, 안으로 들어간다.
23쪽	로봇은 모두 몇일까? (9) 손이 빨간색인 로봇은 모두 몇일까? (5) 눈이 네 개인 로봇은 모두 몇일까? (3) 로봇의 눈은 모두 합쳐 몇 개일까? (24)
24쪽	비트가 달에 가려면 얼마나 걸릴까? (3만 8천 시간) 비트가 달에 갔다 지구로 돌아오려면 얼마나 걸릴까? (7만 6천 시간)
25쪽	6 / 6 / 6 / 6 / 6 / 7 / 3 / 4 / 4 / 5
27쪽	3 / 4 / 8 / 15 / 1,234 / 1,337
30~31쪽	파란색 표시는 항상 코딩되는 것들이야. 빨간색 표시는 코딩할 수 있지만 보통 코딩하지 않는 것들이지.

30~31쪽	
33쪽	각자 자유롭게 색칠해 보세요.

36쪽

입력(INPUT)	출력(OUTPUT)
자동문 앞에 사람이 있다.	자동문이 열린다.
연기가 난다.	화재 감지기가 작동한다.
엘리베이터의 올라가는 단추를 누른다.	엘리베이터가 멈추고 문이 열린다.

40쪽	01000010 01001001 01010100
43쪽	각자 이름의 영문을 아스키 표를 참고해서 작성해 보세요.

47쪽	(픽셀 그림: 파란 배경에 빨간 꽃과 초록 줄기, 검은 흙; 칸마다 01, 00, 11, 10 값이 적혀 있음)
51쪽	피카츄, 도띠
55쪽	56-13=43　　29-11=18 82-71=11　　32+24=56 14+41=55　　63-22=41
56쪽	각자 자유롭게 적어 보세요.
57쪽	1 → 2 → 3 → 5 → 4 → 6 → 7
58쪽	1. 빵2　2. 케첩　3. 드레싱　4. 패티　5. 치즈 6. 상추　7. 토마토　8. 빵1

60쪽	내 이름은 로보로보야. 나는 행성B에서 왔어.
61쪽	3번
63쪽	 최대 160점 획득. 다른 방법으로도 코드를 작성해 보세요.
64쪽	알고래즘 → 알고리즘　　코딩 → 코딩 임력 → 입력　　　　　바그 → 버그
65쪽	

66쪽

68쪽

69쪽	각자 자유롭게 그려 보세요.
71쪽	
74쪽	

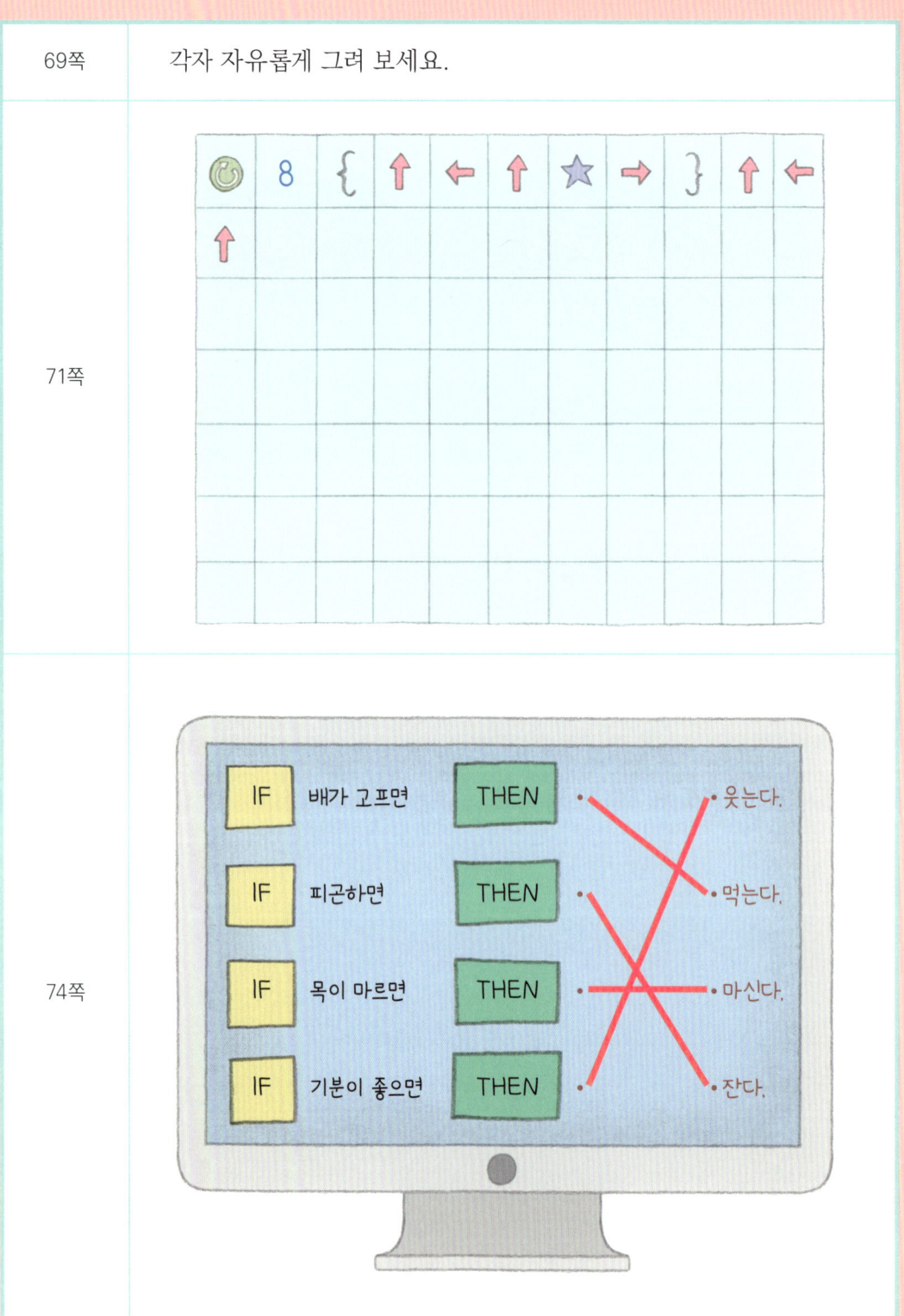

76쪽	IF 왼쪽 길이 있다면 THEN 그렇다면 왼쪽으로 돌기 ELSE 아니라면 앞으로 가기
77쪽	IF 길이 막혀 있다면 THEN 그렇다면 막혀 있지 않은 방향으로 돌기 ELSE 아니라면 앞으로 가기 별을 5개 모을 수 있어.

82쪽	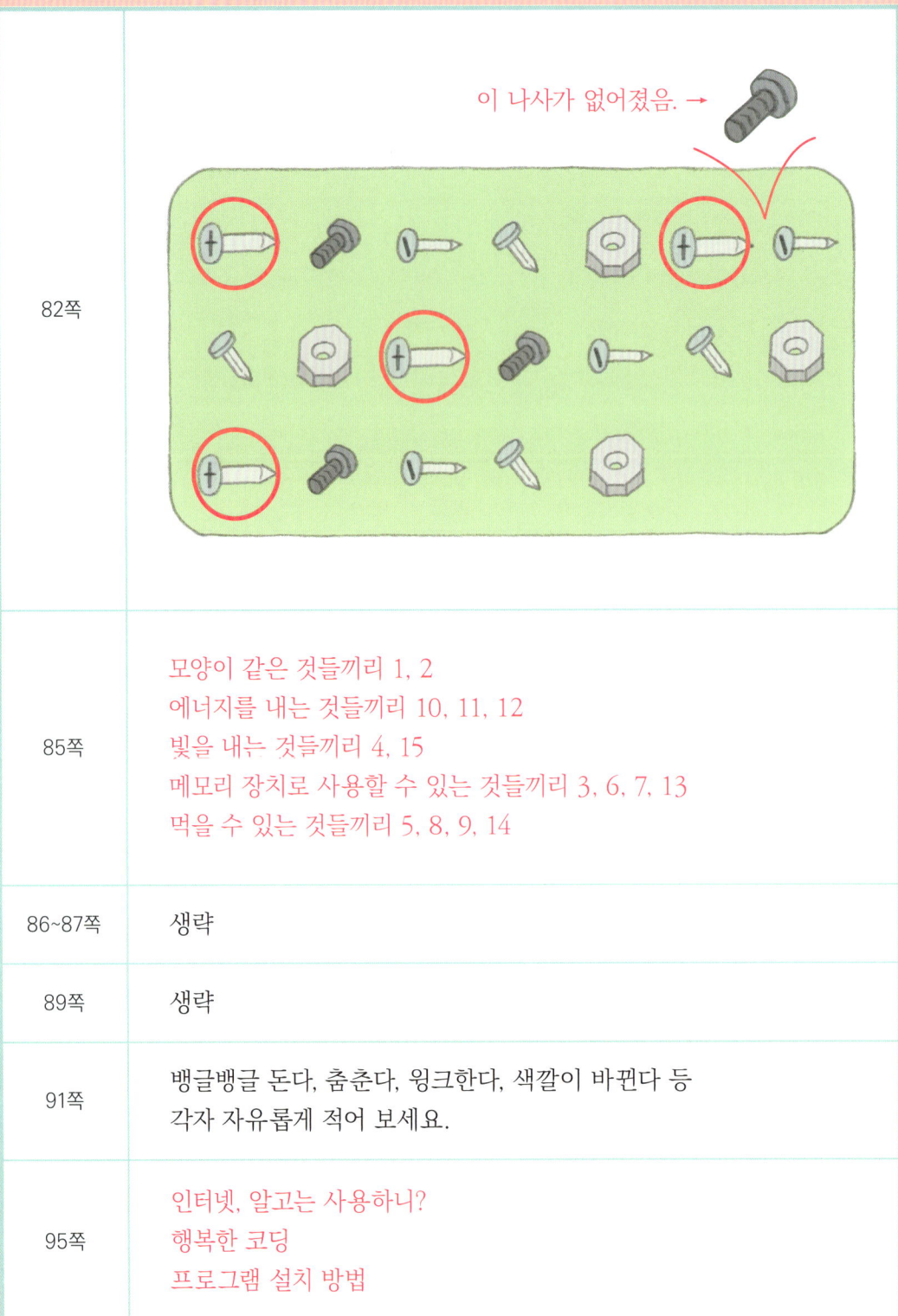
85쪽	모양이 같은 것들끼리 1, 2 에너지를 내는 것들끼리 10, 11, 12 빛을 내는 것들끼리 4, 15 메모리 장치로 사용할 수 있는 것들끼리 3, 6, 7, 13 먹을 수 있는 것들끼리 5, 8, 9, 14
86~87쪽	생략
89쪽	생략
91쪽	뱅글뱅글 돈다, 춤춘다, 윙크한다, 색깔이 바뀐다 등 각자 자유롭게 적어 보세요.
95쪽	인터넷, 알고는 사용하니? 행복한 코딩 프로그램 설치 방법

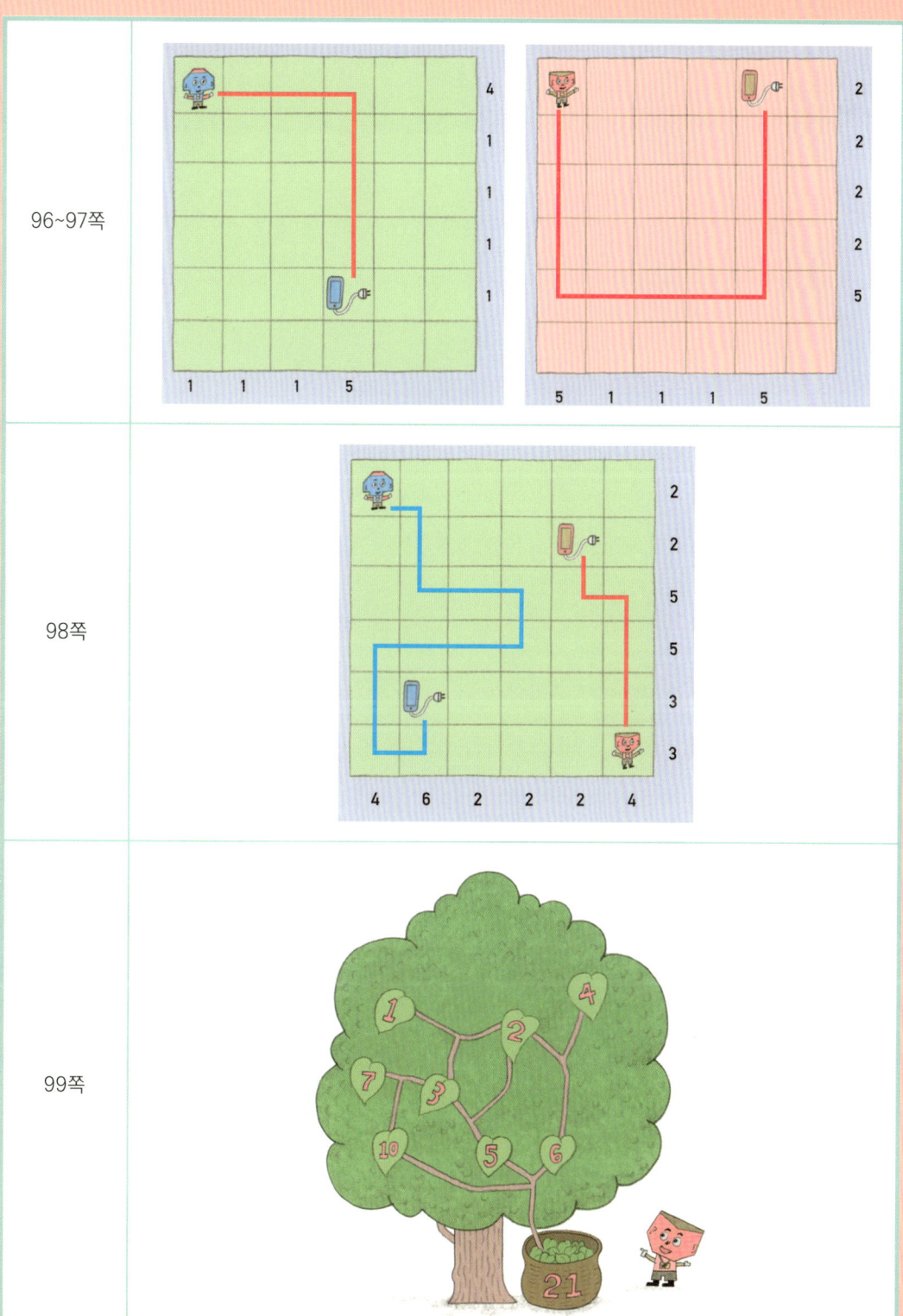

용어 설명

기계 코드 컴퓨터가 이해하는 언어를 말해요. 0과 1로만 이뤄져 있어요.

데이터 컴퓨터와 주고받는 정보를 말해요. 디지털 데이터는 0과 1의 이진법으로 표기돼요.

루프 프로그램에서 반복해서 실행되는 부분을 말해요.
같은 내용의 프로그램을 반복하지 않고 필요한 횟수만큼 지정해 두면
프로그램이 간결하게 될 뿐만 아니라 코딩하는 시간도 줄일 수 있어요.

바이트 비트들이 일정 단위로 묶인 묶음 하나를 바이트라고 해요. 보통 8비트로 묶여요.

버그 코드에 오류가 있으면 올바로 작동하지 않아요. 이 오류를 '버그'라고 해요.
버그는 벌레라는 뜻이에요. 1944년 하버드대학교에서 마크 II 컴퓨터의 오작동을
일으킨 나방에서 유래되었어요.

변수 변수는 여러 값을 담을 수 있는 그릇과도 같아서 프로그램에서 값을 저장하는
공간으로 쓰이지요. 변수의 이름을 정하고, 그 안에 값을 저장할 수 있어요.
변수에는 하나의 값만 저장할 수 있으며, 그 값은 변할 수 있어요.

비트 1비트는 보통 0이나 1로 입력돼요. 0은 꺼짐을, 1은 켜짐을 뜻해요.

센서 컴퓨터 외부 세계의 빛, 소리 등의 물리적인 양이나 변화를 컴퓨터로
입력시켜 주는 역할을 해요.

슈퍼컴퓨터 연산 처리 속도가 세계 500위 이내에 해당하는 컴퓨터로,
계산 속도가 매우 빠르고 많은 자료를 오랜 시간 동안 꾸준히 처리할 수 있어요.

시퀀스 컴퓨터는 모든 것이 올바른 순서대로 늘어선 코드만을 읽을 수 있어요.
시퀀스는 앞뒤가 꼭 지켜져야 하는 순서를 말해요.

아스키	미국표준협회가 1962년에 제정한 정보 교환용 표준 코드를 말해요. 아스키 표는 42쪽에 실려 있어요.
알고리즘	알고리즘은 문제 해결에 대한 공식 또는 설명이에요. 다시 말해 컴퓨터가 어떻게 일을 해야 하는지에 대한 단계별 명령을 말하지요.
유니코드	각 나라별 언어를 모두 표현하기 위해 나온 코드 체계예요. 유니코드는 사용 중인 운영체제, 프로그램, 언어에 관계없이 문자마다 고유한 코드 값을 제공해요.
입력	컴퓨터 외부의 자료를 컴퓨터가 처리할 수 있는 형태로 만들어서 컴퓨터로 보내는 것을 말해요. 입력 장치에는 키보드와 마우스, 바코드 리더기 등 여러 가지가 있어요.
중앙 처리 장치 (CPU)	컴퓨터의 두뇌라 할 수 있으며, 시스템 전체를 제어해요. 다양한 입력 장치로부터 자료를 받아서 처리한 후 그 결과를 출력 장치로 보내는 일을 해요.
출력	컴퓨터 내부의 자료를 사람이 알아볼 수 있는 형태로 바꾸어서 컴퓨터 외부로 보내는 것을 말해요.
코드	컴퓨터를 작동시키기 위해 입력하는 기호예요.
프로그래밍 언어	프로그래밍은 컴퓨터가 우리가 원하는 대로 작동하도록 컴퓨터에 지시를 입력하는 일을 뜻해요. 프로그래밍을 할 때는 기계어가 아닌 프로그래밍 언어를 사용해요. 이는 기계어보다 쉬워요.
함수	함수는 프로그램 안에 있는 작은 프로그램과 같아요. 특정 명령들을 별도로 함수로 만들어 필요할 때마다 이름을 불러 실행할 수 있어요.

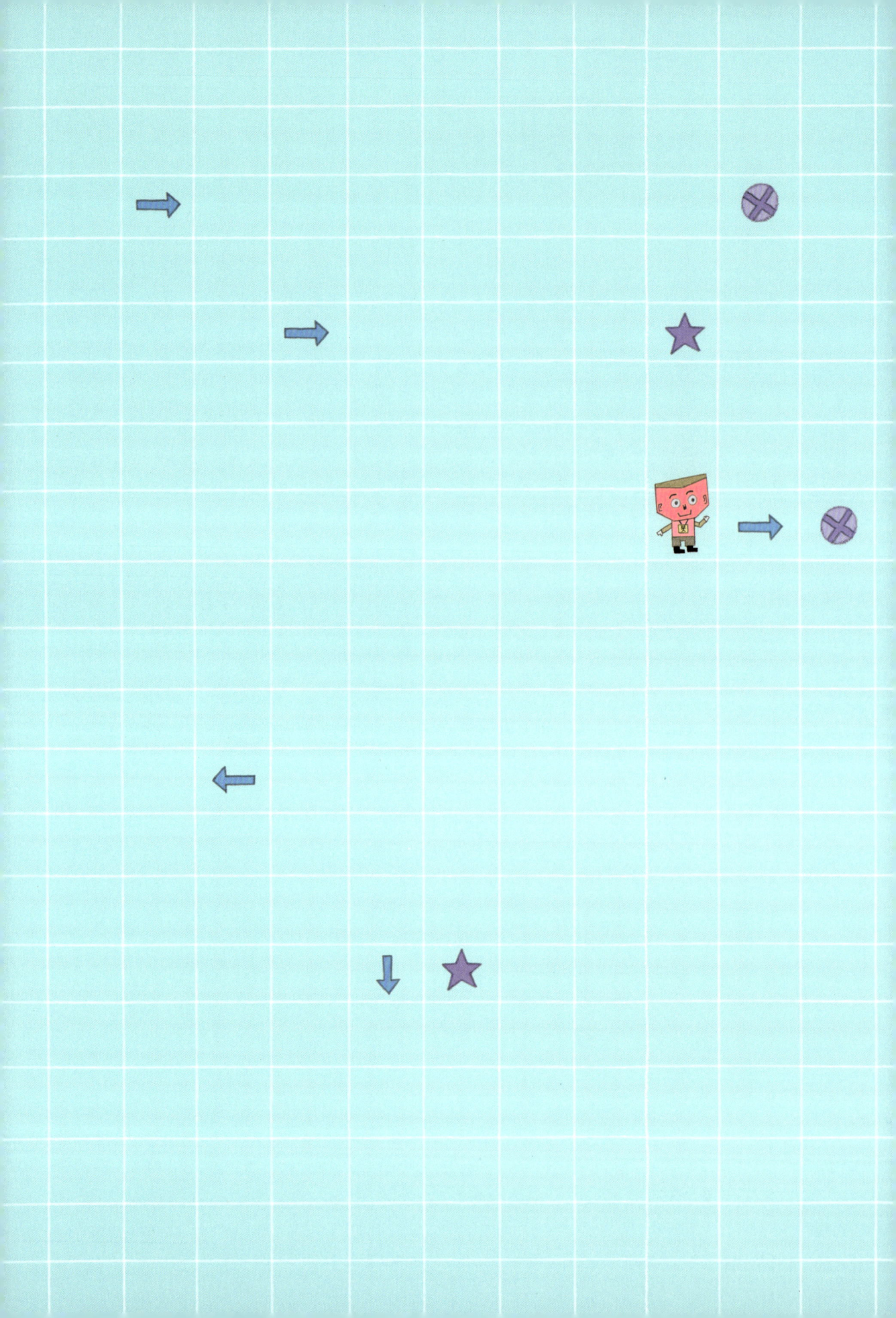

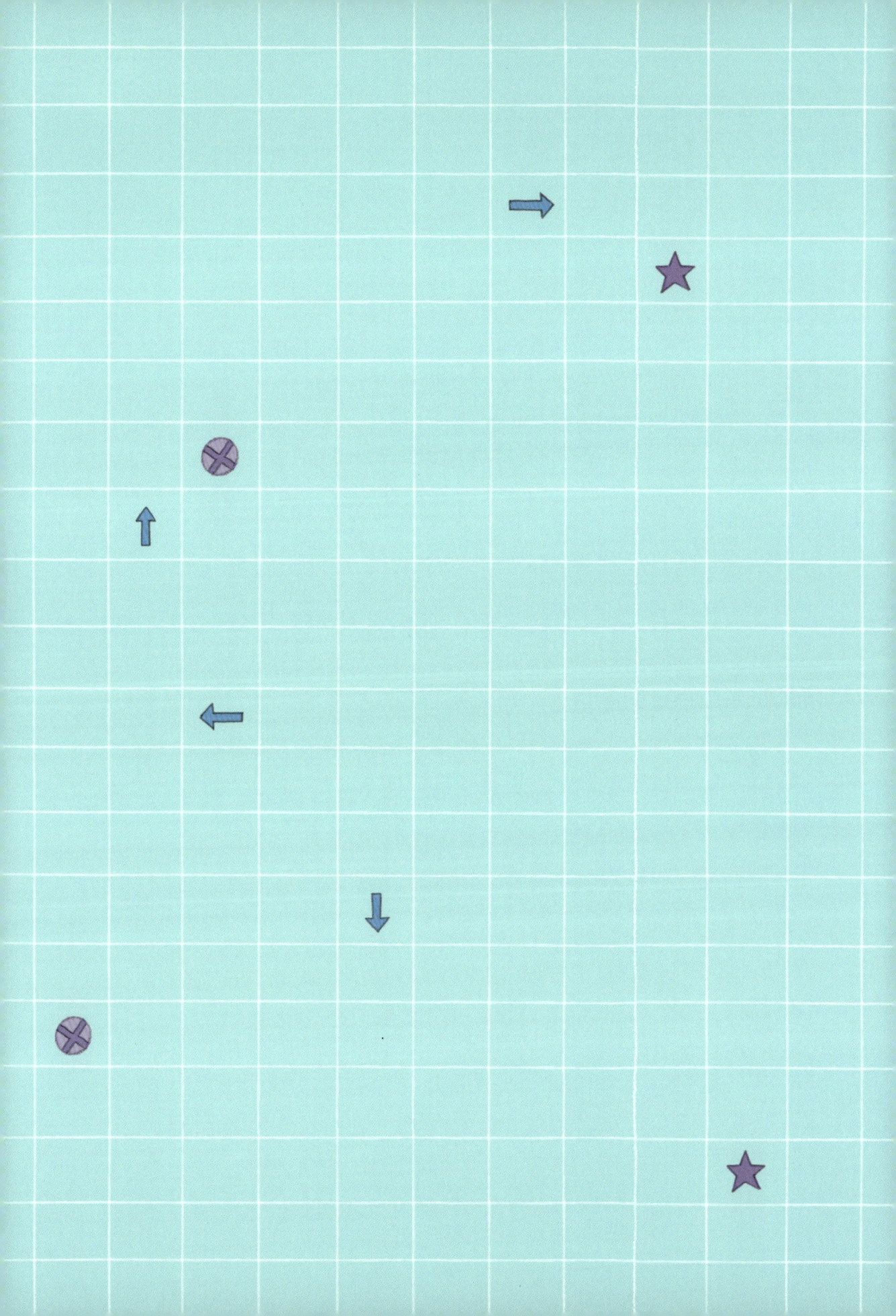